Minis machen's möglich

Ingrid Lange-Schmidt

MINIS machen's möglich

Schnelle Entspannung für LehrerInnen

Mit 4-Wochen-Trainingsprogramm
zur Selbstentspannung und zur
Anwendung im Unterricht

Die Deutsche Bibliothek – CIP-Einheitsaufnahme
Ein Titeldatensatz für diese Publikation ist bei
Der Deutschen Bibliothek erhältlich.

Copyright © iskopress, Salzhausen
Umschlag und Illustrationen:
Mathias Hütter, Schwäbisch Gmünd
Satz und Layout: E. Velina
Druck: Runge, Cloppenburg

1. Auflage 1999
ISBN 3-89403-178-6

Inhalt

Die Übungen

Übungen für Schülerinnen und Schüler (S)

Vorwort

Liebe Kolleginnen und Kollegen,

seit vielen Jahren leite ich Supervisionsgruppen und Entspannungstrainings in der Lehrerbildung. Dabei werden mir regelmäßig drei Fragen gestellt:

- Warum bin ich häufig abends körperlich angespannt oder zerschlagen und komme innerlich nicht zur Ruhe, obwohl ich mich müde und erschöpft fühle?
- Was kann ich tun, um meine Kräfte auch im Berufsalltag zu bewahren, wie kann ich mich ohne allzu großen zusätzlichen Aufwand wieder erholen?
- Gibt es praktikable Möglichkeiten für mich und die SchülerInnen, schon im Unterricht etwas mehr zur Ruhe zu kommen, ohne dass ich zu viel Unterrichtszeit verliere?

Angesichts der Flut von Gesundheitsratgebern und methodischen Anleitungen zum Entspannen ist es oft auch für LehrerInnen schwierig, eine sinnvolle Auswahl zu treffen, weil vielen das Verständnis für den Stressmechanismus* und den gegenläufigen Entspannungsmechanismus* fehlt. Ein tieferes Verständnis dieser Mechanismen kann aber dabei helfen, Körperprozesse besser zu verstehen, sich dadurch von eigenen Vorwürfen zu entlasten und gleichzeitig mit erhöhter Selbstverantwortung die so dringend notwendige Entspannung im Berufsalltag wieder neu zu erlernen.

Die Arbeitsanforderungen an LehrerInnen sind derart gestiegen, dass der Anteil derjenigen, die nach wenigen Berufsjahren die Freude am Beruf verlieren, sich „ausgebrannt" fühlen oder sich aufgrund ernsthafter Erkrankungen frühzeitig pensionieren lassen müssen, extrem hoch ist. Es ist daher dringend notwendig, auf verschiedenen Ebenen Veränderungen der Arbeitsbelastung herbeizuführen. Manche dieser Veränderungen erfordern sehr viel zusätzliche Kraft, viele sind nur mit langanhaltender Geduld politisch durchsetzbar, andere erfordern gemeinsames Handeln und gemeinsame pädagogische Zielsetzungen im Kollegium.

In diesem Buch geht es nun aber nicht um Wege zum Stressabbau allgemein, sondern um individuellen Stressabbau, um
einen Weg, den Sie ganz allein gehen können, um für sich
selbst auch schon unter den vorgegebenen Bedingungen die
eigene Gesunderhaltung zu stützen. Es geht um das (Wieder-)
Erlernen von Kurzentspannung jederzeit und an jedem Ort –
auch im Unterricht.

Die Fähigkeit, sich wirksam regenerieren zu können, ist eine
wichtige Voraussetzung für psychische und physische Gesundheit, eine Bedingung dafür, dass wir überhaupt den langen Atem behalten, um uns mit Kraft für die eigenen Ziele
einsetzen zu können und ggf. auch Widerstand leisten zu
können, wenn Belastungen zu groß werden.

Diese entspanntere Umgehensweise mit sich selbst im beruflichen Alltag lässt sich aber nicht „mal eben" an einem
Wochenende erlernen: Die Auseinandersetzung damit ist
vielmehr ein langandauernder Prozess. Um ihn sinnvoll zu
stützen, werden immer wieder „Auffrischungen" und Erinne-
rungsanstöße, gelegentlich aber auch neue Erfahrungen
benötigt.

In den folgenden Kapiteln werden daher sowohl die Faktoren, die unsere Gesunderhaltung behindern, als auch diejenigen, die sie stabilisieren, aus einer zum Teil neuen Perspek-
tive dargestellt und miteinander in Verbindung gebracht,
damit die „Tipps und Tricks" sowie die neuen Erfahrungen
einsichtig werden und stärker im Bewusstsein haften bleiben.

Die eingeflochtenen Wahrnehmungsexperimente, Reflexio-
nen und Rückbesinnungen (W 1–13) sollen Ihnen helfen,
sich selbst mehr „auf die Schliche zu kommen", und dabei
Ihre Lust verstärken, eigene „gute Vorsätze" und neue
Erkenntnisse gleich in erste konkrete Schritte umzusetzen.

In dem Kapitel „Warum MINIS?" beschreibe ich, wie ich den
Begriff „MINIS" hier verwende, in welchem Zusammenhang
dieses Buch entstanden ist und wie die Übungen von LehrerInnen bisher angenommen wurden.

Das Kapitel „Belastung – Erschöpfung – Krankheit" beschreibt aus psychosomatischer Sicht den Zusammenhang
zwischen inneren und äußeren Belastungen und den möglichen subjektiven Folgen, die von der Erschöpfung zur

Erkrankung bis hin zu chronischen Symptomen führen können. Hier wird dann eine erste Möglichkeit erläutert, diesem Prozess entgegenzuwirken.

Das Kapitel „Von der Anspannung zur Entspannung – der Umschaltprozess" zeigt einen konkreten Weg auf, wie der Prozess, der zur Erschöpfung geführt hat, individuell mit Hilfe von erhöhter Körperwahrnehmung und gezielten Übungen zur tiefen Kurzentspannung gestoppt werden kann, und zwar ohne zusätzlichen Stress* und mit äußerst geringem Zeitaufwand. (Auf Überlegungen zur Veränderung von Rahmenbedingungen oder zur stressfreieren Gestaltung des Unterrichts, die mindestens ebenso wichtig sind, kann ich hier nicht eingehen.) Ausführliche Hinweise zur Einführung und zur Umsetzung der Entspannungsübungen im Unterricht schließen das Kapitel ab. Die vielfältigen Möglichkeiten, sich durch Aufgabendelegation, durch Kooperation, Inanspruchnahme von Hilfe o. Ä. zu entlasten, werden hier ebenfalls nur kurz gestreift. Ich konzentriere mich in diesem Kapitel auf das „Umschalten" von Anspannung auf Entspannung durch selbständig zu erlernende Entspannungsmethoden für den persönlichen Gebrauch sowie für eine eventuelle spätere Umsetzung im Unterricht. Dieser Text enthält entsprechende Hinweise zum Einsatz der verschiedenen Methoden im Unterricht.

An den theoretischen Teil schließt sich ein Trainingshandbuch zur Selbstentspannung für LehrerInnen an mit einem 4-Wochen-Übungsprogramm. Es beruht auf den vorgestellten theoretischen Grundlagen.

Der erste Übungsteil macht Sie mit den MINIS vertraut, die Sie für sich selbst anwenden können, um ihrer Erschöpfung entgegenzuwirken. Die Übungen (L 1– L 16) sind von mir zum Teil selbst entwickelt worden, zum Teil stammen sie aus dem Autogenen Training, der Progressiven Muskelentspannung, dem Augentraining und dem QiGong*. Sie wurden hier derart abgewandelt, dass sie sich zum Selbstlernen eignen und für LehrerInnen ansprechend sind. Die ausführliche theoretische Begründung und die speziellen Hinweise und Hilfen bewirken, dass MINIS auch bei Schwierigkeiten mit der eigenen Übungsdisziplin sehr gut angenommen werden.

Die „MINIS zur Entspannung im Unterricht", die ergänzenden exemplarischen Kurzübungen für SchülerInnen (S 1–S 16), sind fast alle der gängigen pädagogischen Literatur entnommen. Sie sind ebenfalls von vielen KollegInnen im Unterricht erprobt worden, so dass Sie hoffentlich dadurch eine gute Grundlage und Anregung für Ihre eigenständige Weiterarbeit erhalten.

Im Abschlusskapitel „Freude – schöner Götterfunken" wird schließlich noch auf einen besonderen Faktor hingewiesen, der bisher ausgespart wurde und der für den Entspannungsprozess, die Ressourcenmobilisierung und damit für die Gesunderhaltung von großer Bedeutung ist: das Vergnügen beim Entspannen.

Nun wünsche ich Ihnen kleine Aha-Erlebnisse beim Lesen. Bitte überfliegen Sie das Buch nicht „in einem Rutsch", sondern lesen Sie es, begleitend zu Ihrem Trainingsprogramm, in kleinen Stückchen. Halten Sie dabei möglichst häufig inne und überprüfen Sie, inwieweit die Textinhalte für Sie selbst von Bedeutung sind und Sie zur Selbstveränderung anregen können.

Viel Erfolg bei Ihrem persönlichen Umschalten auf Entspannung mit den MINIS und viel Spaß auch bei der Anwendung im Unterricht!

Bremen, den 1. 10. 1999
Ingrid Lange-Schmidt

Warum „MINIS"?

Begriffserläuterung, persönliche
Erfahrungen und Entstehungsgeschichte

MINIS für LehrerInnen? Denkt man nicht bei „MINI" sofort an Miniröcke, an junge Mädchen, an Sommerfreizeit? Diese Gedankenassoziation ist gar nicht so abwegig: Wie der Minirock sollen auch die in diesem Programm vorgestellten „MINIS" – die Mini-Erholungen – mit minimaler Kürze und minimalem Aufwand eine maximale Wirkung erzielen: Durch ein Training mit Übungen zur gezielten Kurzentspannung soll im Nu – in wenigen Minuten oder sogar Sekunden – (sogar während des Unterrichts) ein „Umschalten" von Anspannung auf Entspannung eintreten. Diese Verbindung von Geschwindigkeit und Entspannung klingt zunächst einmal wie ein Widerspruch – das ist es aber keineswegs. Mit Hilfe der „MINIS" kann natürlich niemand wieder jünger werden – aber bei regelmäßiger gezielter Kurzentspannung wird bald ein erstaunlicher Effekt eintreten. Nicht nur die Muskulatur entspannt sich mehr und mehr, auch geistige Beweglichkeit und psychische Befindlichkeit lassen sich durch Entspannung beeinflussen. Möglicherweise fühlen Sie sich bald wieder ein kleines bisschen jünger – auf jeden Fall aber werden Sie sich häufig besser fühlen...

Ziel ist es, mit diesen Übungen dem beruflichen Stress dadurch entgegenzuwirken, dass Ihre individuelle „Bewältigungsstrategie" verbessert wird. Mit der Erweiterung Ihrer Fähigkeit, sich jederzeit „zwischendurch und mittendrin" kurz zu entspannen, können Sie Ihre Ressourcen wieder stabilisieren und kräftigen, und zwar mit wirklich minimalem Aufwand. Das geht sehr schnell, denn MINIS sind fast überall anwendbar, ohne besondere Hilfsmittel, ohne spezielle Kleidung, ohne aufwendige Kurse, ohne langes Herumsitzen, ohne zeitraubendes Üben – insgesamt also ohne große Umstände.

Ich selbst bin im Verlauf meiner langen Weiterbildung zur Psychotherapeutin mit vielen Seminaren zur Gesunderhaltung und speziell zum Stressabbau in Berührung gekommen. Dabei habe ich sehr viel auch für mich persönlich profitieren können. Meine eigene so vielfältige vollberufliche Tätigkeit über 26 Jahre hindurch neben Familie und Freizeitinteressen wäre ohne regelmäßige „zwischengeschobene" Kurzentspannungen nicht denkbar. Gerade weil ich persönlich und beruflich mit dem schnellen Umschalten von Anspannung auf Entspannung so gute Erfahrungen gemacht habe, gebe ich diese Erfahrungen gern weiter.

Seit vielen Jahren leite ich in meiner Doppelfunktion als Lehrerin und Psychotherapeutin Seminare in der Aus- und Fortbildung am Landesinstitut für Schule in Bremen zu den Themen Supervision, Entspannungstraining, Augentraining am Computer, Stressprävention.

Die LehrerInnen, die diese Fortbildungsveranstaltungen besuchen, berichten immer wieder ziemlich übereinstimmend von großen Schwierigkeiten, sich nach einem Schulvormittag richtig zu entspannen. Meine Frage nach Entspannungsmöglichkeiten am Unterrichtsvormittag ruft regelmäßig nur resigniertes Gelächter hervor. Dabei sind diese KollegInnen oftmals keineswegs unerfahren in einzelnen Entspannungstechniken. Sie haben zum Teil schon diverse Kurse besucht, wenden aber die Übungen nicht mehr regelmäßig an, „weil ich dazu gar keine Zeit habe", „weil mir die Übungen langweilig geworden sind", „weil ich mich frage, wieso diese Anstrengung zur Entspannung gut sein soll".

Vielleicht behandeln die KollegInnen sich selbst deswegen so schlecht und „powern durch", weil ihnen das genaue Verständnis für den Stressmechanismus und den gegenläufigen Entspannungsmechanismus fehlt. Vielleicht wurden ihnen Entspannungsübungen so präsentiert, dass sie sie nicht selbst für ihre Bedürfnisse abwandeln konnten. Vielleicht meinen sie, dass Entspannung viel Zeit braucht, wenn sie wirken soll. Aber das ist glücklicherweise völlig falsch.

Alle hier vorgestellten Übungen zur Kurzentspannung, die MINIS, habe ich langjährig mit vielen Teilnehmern erprobt. Es sind darin auch Erfahrungen der KursteilnehmerInnen enthalten, die schon längere Zeit Entspannungsübungen im Unterricht mit Schülern praktiziert hatten.

Bei den MINIS handelt es sich also um Übungen, die von den KollegInnen als „wirklich brauchbar", „endlich mal kurz genug", „erstaunlich wirkungsvoll" empfunden und gern angewendet wurden. Es sind die „Renner", die „Lieblingsübungen" aus verschiedenen Entspannungskursen und aus den Erfahrungsberichten der KollegInnen. Viele der Lehrer-Übungen können bei genügend Erfahrung auch zur persönlichen Regeneration während des Unterrichts durchgeführt werden oder lassen sich sogar gemeinsam mit SchülerInnen (altersgemäß modifiziert) zum „Auftanken", zur Beruhigung, zum seelisch-geistig-körperlichen „Wieder-locker-werden" einsetzen. Das kann dann sogar zur Leistungssteigerung führen.

Damit Sie diese Übungen jederzeit nach Ihren eigenen Bedürfnissen abwandeln und ergänzen können, habe ich einen ausführlichen Theorieteil vorangestellt, in dem Hintergründe, Prinzipien, Fallstricke und Tricks erläutert werden. Die Texte sind so abgefasst, dass sie ggf. in Ausschnitten auch SchülerInnen oder interessierten Eltern zur Verfügung gestellt werden können. Zum besseren Verständnis sind alle Fremdwörter mit einem Stern* gekennzeichnet und im Glossar erläutert.

Wie beurteilen Kursteilnehmer das MINI-Programm?

Nach Klärung der Zusammenhänge zwischen Stress und den Vorgängen in Körper, Seele und Geist und einem vielfältigen Angebot von unkomplizierten, einprägsamen Entspannungsübungen hat sich das Gesundheitsverhalten der TeilnehmerInnen in meinen Kursen merklich geändert.

Voraussetzung dafür war eine Verbesserung des Durchhaltevermögens. Die TeilnehmerInnen haben das Training auch wirklich 3x5 Minuten (bzw. mit einiger Übung 3x3 Minuten) täglich durchgeführt. Damit Sie das auch können, sind im Übungsprogramm verschiedene Hilfsmittel zur Überwindung des „inneren Schweinehundes" eingestreut. Während ich früher als Kursleiterin in einigen Kursen Mühe hatte, die Teilnehmer „bei der Stange zu halten", und bei LehrerInnen wie bei SchülerInnen immer wieder auf diszipliniertes Üben drängen musste, erleichtern diese Hilfsmittel die Selbstverantwortung. KollegInnen berichten häufig von ihren Erfolgen, von der Wirksamkeit ihrer Übungen.

Damit auch Sie von den Erfahrungen anderer profitieren können und etwas in das „hineinriechen" können, was Sie gleich erwartet, möchte ich Ihnen einige Teilnehmeräußerungen vorstellen:

- Ich hatte einfach keine Zeit, mir in dem ganzen Stress auch noch Zeit zum Ausruhen oder für sportliche Betätigung zu nehmen. Na klar, jeder weiß doch, dass Kurzpausen eigentlich sein müssen. Aber wenn man die Pausen einfach nicht sinnvoll zur Erholung nutzen kann, weil die innere Unruhe groß ist, sind sie doch nur verlorene Zeit. Also, Ihre 3-Minuten-MINIS waren absolut das Äußerste, was ich an Zeit für mich ganz allein herausschlagen konnte – und endlich weiß ich auch, wie ich diese Pausen sinnvoll nutzen kann.

- Wenn ich mal Zeit für eine Ruhepause habe, kommt meine Familie mit tausend Anforderungen – es gibt einfach keine zehn Minuten Ruhe für mich ganz allein.
  Jetzt übe ich einfach einmal mit den SchülerInnen meiner Lieblingsklasse und einmal nach der Tagesschau für mich allein. Und die letzten drei Minuten für die Nachmittagsübung, also die stehen mir nun wirklich zu, die habe ich inzwischen richtig durchgesetzt und verteidige sie gegen alle Störungen. Und wehe, wenn dann jemand etwas von mir will...

- Ich hätte nie gedacht, dass ich so viel Disziplin aufbringen würde, wirklich dreimal täglich zu üben – aber es bekommt mir so gut! Ich empfinde es auch nicht mehr als zusätzliche Zeit, weil ich anschließend viel mehr Kraft habe – ich bin danach viel ruhiger und effektiver.

- Die Protokollbögen habe ich anfangs richtig gehasst – typischerweise waren sie oft verschwunden... Jetzt hängt ein Bogen neben der Toilettenrolle (mit festgebundenem Bleistift); seitdem mache ich meine „Hausaufgaben" regelmäßig.

- Das gibt es doch gar nicht! Ich kann schon seit Jahren schlecht einschlafen; oft schlafe ich nicht durch, bin verspannt und verkrampft, liege wach und denke und denke, wie eine Maschine, die immer weiter laufen muss. Und jetzt übe ich erst seit fünf Wochen und habe fast keine Schlafprobleme mehr. Das hilft ja wirklich... Und dabei bin ich nur gekommen, um mehr Ruhe in meinem Unterricht herzustellen...

- Ich habe schon viel ausprobiert: Rückenschule, Fitness-Training, zwei Anläufe Autogenes Training, Yoga – aber ich habe die Kurse nie zu Ende gebracht – die Fahrzeit, ein ganzer Abend weg, die Leute gefielen mir dort auch nicht so sehr. Das hier, die zehn Minuten am Tag, das ist das, was ich immer gesucht habe. Ich stelle mir den Wecker dafür und kriege das dann gerade noch hin. Für ein längeres Training ist einfach mein innerer Schweinehund zu groß...

- Ich lege mir jetzt immer meinen Mozart zur Einstimmung auf, bevor ich an den Schreibtisch gehe, und zwar inzwischen ohne schlechtes Gewissen, dass ich es mir so schön mache, obwohl ich doch arbeiten sollte. Bei uns zu Hause waren Arbeit und Vergnügen immer ganz voneinander getrennte Dinge. Aber jetzt habe ich sogar in meiner Klasse inzwischen einen CD-Player.
  Zu Hause am Schreibtisch packe ich dann mit Musik meine Tasche aus, räume noch ein bisschen auf, lege mir dann alles für die Unterrichtsvorbereitung zurecht und dann gönne ich mir meine drei Minuten, bevor ich anfange. Ich mache meine Übungen gern mit leiser Musik. Danach bin ich richtig erholt und in guter Stimmung. Vorher habe ich mich immer geärgert, wenn ich so viel am Schreibtisch zu tun hatte – jetzt „flutscht" es irgendwie besser.

- Ich sage mir jetzt immer: Besser 3x3 Minuten als meine 3x3 Pillen – ich habe Baldrian schon ständig auf meinem Einkaufszettel stehen gehabt. Gelegentlich mache ich die Übungen auch mit meiner Freundin, bevor wir weggehen; das macht zusammen richtig Spaß.

- Ich habe drei Wochen gebraucht, bis ich „meine" Zeit freischaufeln konnte. Bei uns ist das so, wie Tucholsky schon sagte: „Irgendwas ist immer!"

  Jetzt habe ich es raus: Wenn morgens die Kaffeemaschine läuft, übe ich, bis der Kaffee fertig ist. Das mache ich nun seit zehn Wochen so, und ich merke, dass ich den ganzen Tag schon viel ruhiger bin. Jetzt kriege ich es auch schon hin, mir abends meinen zweiten Übungstermin einfach nur so für mich zu nehmen, auch wenn der Schreibtisch noch auf mich wartet.

- Bei mir ging es am Anfang nur mit Schild auf der Treppe: fünf Minuten Zeit für mich!

  Erst seitdem ich klar gesagt habe, dass ich für eine Fortbildung trainieren muss, akzeptiert meine Familie, dass ich nicht jederzeit ansprechbar bin. Training – das verstehen alle. Ich glaube, es war mir vorher selbst nicht klar genug, dass ich das wirklich für mich will, das merken Kinder einfach.

- Zuerst habe ich mich gar nicht getraut, meine Übungen auch in der Schule durchzuführen. Aber dann waren die Kollegen auch ganz begierig, und jetzt treffen wir uns schon mit einer kleinen Gruppe in jeder Pause für einige Minuten in einem etwas größeren Vorbereitungsraum zur persönlichen Entspannung – und keiner lacht, wenn sich jemand auf der neu angeschafften Yogamatte mal kurz langlegt...

- Jetzt merke ich erst, mit wieviel Kraft ich immer gegen die Erschöpfung meiner Schüler angekämpft habe – bis ich selbst völlig fertig war. Jetzt stellen die Schüler ihr persönliches Entspannungssymbol auf den Tisch, wenn sie sich nicht mehr konzentrieren können. Es ist so verabredet, dass sie das nach mindestens einer halben Stunde Arbeitszeit tun dürfen. Wenn ich mehrere solcher Schilder sehe, mache ich mit allen eine Entspannungspause – und entspanne mich natürlich gleich mit.

- Ich beginne jede Stunde mit einer Kurzentspannung – die Schüler brauchen diese innere Sammlung doch auch für sich selbst, wenn sie sich permanent mit neuem Stoff und jede zweite Stunde mit neuen Lehrern auseinandersetzen müssen. Wenn der Unterricht gut läuft, mache ich zur Belohnung zwischendrin noch mal eine MINI. Die Schüler sind in meinem Unterricht dadurch wesentlich ruhiger geworden und aufmerksamer. Das macht sich auch in den Noten bemerkbar.

- Ich fand das Herumsitzen bei Klassenarbeiten oder Gruppenarbeiten immer entsetzlich – zum eigenen Arbeiten kam ich dabei auch nicht. Jetzt mache ich in dieser Zeit immer eine kleine Übung hinter meinem Tisch. Die Schüler dürfen das in diesen Phasen natürlich auch für sich allein machen, wenn es dabei ruhig bleibt. Zuerst hab ich das ja nur gemacht, weil wir das eine Woche lang mit den Schülern im Unterricht üben sollten – ich fand das zuerst selbst etwas albern, aber die Schüler haben das so dankbar aufgegriffen, dass „Entspannung mit MINIS" für uns alle eine Selbstverständlichkeit geworden ist.

- Dann habe ich meinen ganzen Mut zusammengenommen und meiner 11. Klasse von dieser Fortbildung erzählt. Die wollten sowas sofort auch haben. Inzwischen hab ich ja ein ausreichendes Repertoire, und jetzt mache ich in jeder Stunde mit ihnen drei Minuten Kurzentspannung, wann es sich gerade anbietet. Das ganze Arbeitsklima in der Klasse hat sich dadurch verändert – und das Unterrichten ist viel leichter, wenn die Schüler nicht so verkrampft sind.

Belastung – Erschöpfung – Krankheit

Erlebnisse, bedeutsame Gedanken und Gefühle korrespondieren mit physiologischen Veränderungen

Es gehört inzwischen zum Allgemeinwissen, dass lang anhaltende private Sorgen und Ärger zu seelischer und körperlicher Erkrankung führen können. Auch der ununterbrochene „Hagel" an unzähligen kleinen Herausforderungen des schulischen Vormittags, die vielen kleinen „normalen" Erziehungskonflikte mit SchülerInnen, übermäßiger Zeitdruck, Verbitterung über mangelnde Fürsorge des Arbeitgebers oder mangelnde Anerkennung im Kollegium usw. können zu Erkrankungen führen. Auch das wird durch neuere Untersuchungen immer deutlicher. Nicht so geläufig ist aber, warum sich große oder sich häufende kleine Belastungen derart auswirken. Was geschieht beim Eintreten von Stress im Körper und woran kann man die Aktivierung des Stressmechanismus erkennen?
Ein gutes Verständnis des Stressmechanismus und des damit zusammenhängenden Fühlens, Denkens und Verhaltens kann uns helfen, Überforderungen rechtzeitig wahrzunehmen und einen selbstbestimmten Stopp zu setzen.
Der Stressmechanismus ist ein Prozess, der seit Urzeiten bei allen Menschen biologisch zum Überleben notwendig war. Der gesamte Organismus wird optimal vorbereitet, um eine sofortige Flucht anzutreten oder einen blitzartigen kraftvollen Angriff starten zu können. Zudem stellt sich der Körper (z. B. durch die Verstärkung der Blutgerinnungsfähigkeit) vorbeugend auf mögliche Verletzungen ein.
Dieser Mechanismus scheint uns heute vielleicht übertrieben zu sein. Es gibt im Beruf selten wirklich lebensbedrohliche Situationen, für die sich unser Organismus „rüsten" müsste – es wirkt absurd, dass der Organismus auf Spannungen mit Schülern, auf unfreiwillige Versetzung an eine andere Schu-

le, auf Zwist unter Kollegen so reagiert, als ginge es auch dabei ums Überleben.

Dennoch läuft der „Stressmechanismus" in unserem Körper immer ganz instinktiv ab, und zwar dann, wenn eine äußere Situation (oder eine eigene innere Anforderung) als gefährlich eingeschätzt wird[1] oder wenn unsere psychische Sicherheit, das Gefühl von Geborgenheit, bedroht ist. Dann wird unser limbisches System* angeregt, und über das Zwischenhirn werden Neurosekrete* ausgeschüttet, die die Information „Gefahr" an die Nebennierenrinde weitergeben und so die Hirnanhangsdrüse (Hypophyse) aktivieren. Sofort leiten beide Drüsen blitzschnell diverse „Stress"-Hormone ins Blut, die uns körperlich, geistig und emotional auf den bevorstehenden „Überlebenskampf" vorbereiten.

Normaler Ablauf des Stressmechanismus

Diese „Anpassung" an alle inneren und äußeren Anforderungen wird ausgelöst, wenn die Anforderungen zu häufig, zu vielfältig, zu langanhaltend, zu stark sind oder wenn sie von uns selbst negativ bewertet werden. Dann beginnt automatisch ein in sich geschlossener Vorgang – der Stressmechanismus. Er läuft immer in drei Phasen ab:

1. sehr kurze Vorphase zur Bereitstellung von Energie:
- Absinken des Kreislaufs,
- Drosselung von Stoffwechselvorgängen;

2. längere Alarmphase als Antwort auf Konfliktsituationen und Vorgriff auf kommende Aktionen:
- schlagartige Steigerung der Hormonproduktion („Aufweckhormon" Adrenalin, Noradrenalin, Testosteron, „Stoffwechselbeschleuniger" Cortisol* u. a.),
- Mobilisierung von Stoffwechselprozessen, dadurch:
- Steigerung der Muskelspannung (zur Steigerung der Leistungsfähigkeit),
- Beschleunigung der Atmung (weil der Körper mehr Sauerstoff braucht),

- Mehrarbeit des Herzens bei gleichzeitiger Verengung der Blutgefäße, dadurch:
- Anstieg des Blutdrucks, d. h. bessere Durchblutung der Muskeln und erhöhte Versorgung der Muskeln und des Gehirns durch Freisetzung der „Betriebsstoffe" Zucker und Fett,
- Einschränkung der Durchblutung von Haut und Bauchorganen (zugunsten der Muskeldurchblutung),
- biochemische Blutveränderung (erhöhte Bildung von Fibrinogen* zur schnelleren Gerinnung des Blutes und Fibrinbildung zum schnelleren Wundverschluss),
- Abschalten der zur Zeit „überflüssigen" Körperfunktionen (Verdauung und Wärmeregulierung stocken, schlechtere Versorgung der Haut),
- Verringerung nicht benötigter Hormone (sexuelle Ansprechbarkeit sinkt),
- Blockierung des Aufbaus hochwertiger Stoffe (Proteine),
- „Abschalten" der Gedanken (oder Gedankenflucht) zur Vermeidung von Reaktionsverzögerungen,
- Sinnesschärfung (Steigerung der Aufmerksamkeit, der Wahrnehmung, des Mutes),
- Produktion von körpereigenen Opiaten im Gehirn (Vermittlung eines Hochgefühls, das es erlaubt, sich Strapazen gewachsen zu fühlen);

3. Phase der Erholung nach der Spannungsabfuhr:
- Absinken der Sympathikus*-Erregung und der Drüsenaktivierung,
- Kreislauf und Stoffwechselvorgänge sinken kurzfristig unter das Ausgangsniveau und pendeln sich dann auf den Normalzustand ein.

Auch in unserer modernen Lebenswelt macht dieser Mechanismus Sinn, wenn es z. B. gilt, ohne langes Nachdenken einen Schüler vom unbedachten Überqueren einer verkehrsreichen Straße zurückzuhalten oder einem herabfallenden Gegenstand auszuweichen. Die meisten heutigen Bedrohungen verlangen zu ihrer Abwehr jedoch etwas ganz anderes als rasche motorische* Reaktionen. So beweist in unserer Gesellschaft diejenige Person ihre Überlegenheit, die auf eine Provokation mit kühler Zurückhaltung zu reagieren vermag. Die sozialen „Drehbücher" verhindern oft, dass die bereitgestellte Energie auch nach außen abgeführt werden kann – dann kann es zu einer physiologisch wirksamen „Stauung" kommen. Die dritte Phase des Stressmechanismus, die Erholung, tritt dann nicht ein.

Weil unsere gehemmten Affekte* (Wut/Angst usw.) aber mit Erregungen des vegetativen* Nervensystems korrespondieren und dadurch Folgen für unser Organsystem haben, kann es u. a. zu flüchtigen oder schnell wechselnden körperlichen Funktionsstörungen kommen (Schlafstörungen, Schwitzen, Blutdruckschwankungen usw.).

Diese körperlichen Symptome unserer psychischen Spannungen können gut durch motorische Aktivität (Herumtoben, Zuschlagen, Wegrennen) oder durch offenen bzw. sublimierten Ausdruck wieder abgebaut werden (Schimpfen, Schreien, Weinen). Solche Reaktionen gelten aber für den unterrichtenden Lehrer als unpassend. Ein entstandener Affekt, z. B. Wut, wird dann eher durch Streiten, Ironisieren oder durch erhöhte Arbeitsleistung u.a. abgeführt.

Ist keine Befreiung von der aufgebauten Spannung möglich, entweder aufgrund der derzeitigen sozialen Bedingungen oder weil die Emotionen selbst – was häufig der Fall ist – aufgrund bestimmter früherer Lebenserfahrungen gar nicht wahrgenommen werden dürfen, dann kann ein chronischer Anspannungszustand folgen, der irgendwann organische Veränderungen nach sich zieht. Wir werden krank. [2]

Vom Eustress* zum Disstress*

Stress in „normaler" Dosis und in positiv verarbeiteter Form (Eustress) schult unser Immunsystem, erzeugt Spannkraft und rüstet uns für wichtige Ereignisse, deren Gelingen uns zufrieden macht.

Jeder Mensch hat aber seine individuelle Belastungsgrenze, die von vielen Faktoren abhängig ist. Werden die Grenzen dieser individuellen Stressverträglichkeit oft überschritten („negativer" Stress = Disstress), kippt der positive „Abhärtungseffekt" um, unsere Abwehrkräfte sinken unter das normale Maß, es kommt zu einer Erschöpfung und eventuell zu dauerhafter Schädigung des Organismus.

Wenn der Rhythmus von der Anspannung zur Entspannung gestört ist, bilden sich als Folge allzu langer oder häufiger Alarmphasen leicht typische emotionale, geistige und körperliche Symptome heraus, die sich wechselseitig wieder beeinflussen, so dass es zu einem weiteren „Aufschaukeln" bis zur Erschöpfung kommen kann.

- Affektive* Störungen, Veränderung der Psychomotorik und des Ausdrucksverhaltens (Angst, Aggression, erhöhte Reizbarkeit, Unzufriedenheit bis hin zu starken Gefühlen der Unzulänglichkeit, Ekelgefühle, Panik);
- Veränderungen der kognitiven Funktionen und des Verhaltens, wie z. B. der Wahrnehmungsgenauigkeit, der Urteilsfähigkeit, des Problemlösungsverhaltens, der Konzentration, der Flexibilität;
- physiologische Reaktionen und die daraus resultierenden körperlichen Schädigungen, insbesondere:
- körperliche Verspannungszustände (Migräne, Rückenschmerzen);
- Senkung der Immunitätsschwelle durch erhöhte Cortisolausschüttung (Steigerung der Infektanfälligkeit);
- erhöhter Blutdruck mit seinen Folgeschäden (bis hin zum Infarkt);
- Über- oder Unterfunktion bestimmter Drüsentätigkeiten mit deren Folgeschäden.

Die „Erschöpfung" ist also zunächst eine gestörte Regulationsfähigkeit. Sie zeigt sich in zahlreichen unspezifischen psychischen und physischen Befindlichkeitsstörungen und in defensiven Bewältigungsversuchen (emotionaler Rückzug, Zynismus, Rigidität, Selbstbetäubungsverhalten). Bei weiterer Belastung kann sie zu manifester Erkrankung führen.

Der Sinn der Erkrankung
aus psychosomatischer Sicht

Der Mensch „hat" nicht nur einen Körper und eine Psyche, sondern er „ist" Körper, er „ist" Psyche, und er „ist" seine sozialen Beziehungen. Der Mensch ist eine bio-psycho-soziale Einheit. So wie bei sozialen Konflikten Krankheit (wie die rechtzeitige Grippe) u. a. ein Ausweichen vor dem Konflikt oder ein Aufschieben (bis man wieder Kräfte gesammelt hat) ermöglicht, so sieht z. B. VON WEIZSÄCKER (1949) auch in psychosomatischen Erkrankungen eine „Weisheit des Körpers". Er nimmt an, dass der Mensch in chronisch belastenden Situationen, wenn seine seelischen Möglichkeiten erschöpft sind, mit Funktionsstörungen einen physiologisch unüblichen Gebrauch von seinen Organen machen kann, um einen seelischen Zusammenbruch zu verhindern.

Erschöpfungssyndrome und „stressbedingte" Erkrankungen haben ihren Sinn in der individuellen Geschichte. Sie sind die Antwort unseres Organismus auf Überforderung.

Ob und in welcher Form ernste Störungen auftreten, hängt nicht nur von der individuellen Lebenssituation ab, sondern auch von unserer genetischen Ausstattung und unserer geistigen Haltung. Dabei sind nicht nur die vorübergehenden Stress-Symptome, sondern auch die Art der Erkrankung und die „Wahl" eines speziellen Organs als subjektiv sinnvolle Antwort auf Störungen des psychosozialen Gleichgewichts aufzufassen.[3]

Die ersten „Warnsignale"

Schon sehr lange bevor es zu einer Überforderung kommt, wird das „Zuviel" durch geistige, seelische oder körperliche Symptome angezeigt, z. B. durch Konzentrationsschwäche, Gähnen, Müdigkeit, Bedürfnis nach Bewegung, Mangel an Gelassenheit. Die körperlich-seelische Anspannung tritt bei immer geringeren Anlässen/Anforderungen auf und ist intensiver als üblich. Jede Kleinigkeit „bringt einen auf die Palme", und am Wochenende braucht man viel länger als sonst zur Erholung.

Dann folgen deutlichere Warnsignale, die aber leicht ignoriert oder fehlinterpretiert werden:

- Gefühl von Unsicherheit und Druck, häufiges „Kloßgefühl" im Hals,
- zunehmende Unzufriedenheit, Überempfindlichkeit, Gereiztheit,
- chronische Müdigkeit, Schlafstörungen,
- anhaltende Verstopfung,
- anhaltender Libidoverlust,
- anhaltend zu hoher oder zu niedriger Blutdruck,
- Infektanfälligkeit,
- mehrfach „grundlose" Angst oder häufige depressive Verstimmung.

Die Widerstandskräfte erschöpfen sich immer mehr. Zunehmend zeigt sich eine Unfähigkeit, in schwierigen Situationen angemessen zu handeln.

Fast immer weist aber erst die „richtige" Krankheit auf die Erschöpfung unseres Organismus hin. Ein grobes Klassifizierungsschema von VESTER (1978: S. 66-67) zeigt Erkrankungsdispositionen, die primär auf der Verschiebung des Gleichgewichts von Parasympathikus* und Sympathikus* beruhen: so scheint es „Abonnenten" für Erkrankungen des Gefäß- und Kreislaufsystems zu geben (Sympathikotoniker*) und Menschen, die vorrangig mit Magen-/Darmbeschwerden, niedrigem Blutdruck, Bronchialasthma reagieren (Vagotoniker*). Entgegen der Darstellung in der Zeichnung (siehe S. 26) gibt es dabei aber keine sehr deutlichen geschlechtsspezifischen Unterschiede.

Warum leidet der eine Mensch unter diesem, der andere unter jenem? – Einflüsse auf Art, Verlauf und Stärke einer Erkrankung

Wie weit Stress eine Dekompensation* auslöst bzw. was er an welchem Organ genau bewirkt, hängt von vielen körperlichen, psychischen und auch sozialen Faktoren und deren Wechselwirkungen ab. Besondere Wirkfaktoren sind dabei:

Sympathikotoniker   Vagotoniker

Denkblockaden

Gestörte
Hormonregulation
Aggressionen

Verringerte
Immunabwehr

Herzinfarkt

Bluthochdruck

Mobilisierung
von Zucker aus
der Leber

Schädigung
von Niere und
Nebenniere

Mobilisierung
der Fettreserven
und Depot im Gefäßsystem

Temporäre Impotenz

Denkblockaden

Gestörte
Hormonregulation
Aggressionen

Verringerte
Immunabwehr

Bronchialasthma

Niederer Blutdruck
Neigung zu Kollaps

Magengeschwüre

Darmleiden

Blasen-
erkrankungen

- die objektive Stärke der aktuellen Belastung oder Gefahr,
- die genetische Grundausstattung (Erbanlagen) und Konstitution mit der „Bereitschaft" zu spezifischen Organreaktionen (somatisches* Entgegenkommen),
- Alter, Geschlecht und allgemeiner Gesundheitszustand,
- unser individuell erworbenes Wahrnehmungs- und Interpretationsraster, das zu einer bestimmten (evtl. verzerrten, eingeengten) Wahrnehmung und Bewertung einer Situation führt (z. B. unrealistische Einschätzung der eigenen Kräfte, Übertreibung der Gefahr usw.),
- frühkindliche Erfahrungen und daraufhin entwickelte Fähigkeiten und Reaktionsmuster im Umgang mit äußeren Belastungen und inneren Konflikten,
- individuelles Sicherheits- und Geborgenheitsgefühl.

Man kann zwar sagen, dass die individuelle Reaktion auf Stress von der äußeren Situation und ihrer individuellen Bewertung abhängt. Sie ist aber auch abhängig von weiteren personenspezifischen Faktoren, wie den frühkindlichen und den gegenwärtigen Interaktionen und sozialen Bedingungen. Sie alle zusammen bestimmen die „Wahl" des stressanfälligen Organs, die unterschiedliche Dauer der drei

Phasen des Stressablaufes, die besondere Art des Umgangs mit Belastungen sowie auch den Zeitpunkt des „Umschlagens" vom Seelischen in funktionell-körperliche Beschwerden.

Gelegentlich ist bei diesem Ablauf von der Erschöpfung zur Erkrankung ein merkwürdiges Phänomen zu beobachten: Nach diversen Befindlichkeitsstörungen, z. B. einer zunächst schwankenden oder erhöhten Infektanfälligkeit, kann trotz weiterer Belastung die Infektanfälligkeit sinken (oft in der gesundheitlich kritischen Phase um das 50. Lebensjahr). Weil die Lymphozyten* aufgrund des Dauersignals „Gefahr" zu einer permanenten Überproduktion (zur Vernichtung von Keimen, Viren, Bakterien, Pilzen) angeregt werden, scheint die Gesundheit zunächst stabiler zu sein. Dann aber zeigen sich häufig diverse Allergien als überschießende Fehlreaktion eines allzu „hektischen" Immunsystems. Gegenläufig dazu verlangsamt sich die Zellerneuerung (die Gewebeneubildung) mit zunehmendem Alter. Wenn dem Körper und der Seele dann keine Chance gegeben wird, sich zu regenerieren, sich zu erholen, kann es zu ernsthafteren Autoimmunerkrankungen oder schwereren chronischen Erkrankungen kommen, oft erkennbar u. a. an rheumatischen Beschwerden, an Entzündungen bzw. Verkümmerung der Nebennieren, der Produktionsstätte der Hormone Adrenalin und Cortison sowie an Schäden der Milz und der Lymphknoten (nach GEESING, 1990) Diese Erkrankungen werden verständlich, wenn man sich den Ablauf der Alarmphase (S. 20 f.) verdeutlicht.
Viele dieser Folgen könnten wir vermeiden, wenn es uns gelingen würde, unsere Sensibilität für diese „Warnsignale" zu steigern, um im eigenen Leben sowie in Arbeitssituationen Druck und Überforderung sehr viel früher wahrzunehmen, sie zu mindern oder ihnen zumindest anders als bisher zu begegnen.

Exkurs:
Irritationen des Immunsystems durch Stress

Hier soll abschließend die physiologische Reaktion speziell des Immunsystems auf Stress genauer betrachtet werden, weil sich aus diesem Zusammenhang weitere Überlegungen für eine Erholung ableiten lassen:

Verlauf normaler Immunreaktionen durch Stress
Normalmaß an Krankheitserregern/
Antigenen*/Allergenen*

Normale Immunreaktion
(Herstellen von Antikörpern)

Kleines „Abtransport-Molekül" mit passender
Koppelung an Erreger/Antikörper

Zerlegen der „Angreifer":
Abtransport aller Fremdstoffe/Genesung

In der Lymphe* zirkuliert die Zellart T-Lymphozyten, die über Botenstoffe (Lymphokine) das gesamte Immunsystem steuert und dabei Einfluss auf die Herstellung der Antikörper, der „Fresszellen" und der „Killerzellen" nimmt.[4] Die Antikörper sorgen dabei für die Vernichtung der täglich in den Körper eindringenden Keime, der bekannten Viren, Bakterien, Allergene und Pilze.

Tritt ein Antigen* (Krankheitserreger, Gift, artfremdes Eiweiß) ins Blut, koppelt sich ein Antikörper daran, um es abzutransportieren. Das angreifende Antigen kann sich nun nicht mehr vervielfältigen und keine Giftstoffe mehr absondern. Es wird danach in den Zellen oder im Blut durch Enzyme* zerlegt (mögliche Folgen: Stoffwechselbeschleunigung, Anschwellen der Umgebungszellen, Fieber, Eiter). Wenn alle Stoffe zerlegt und auch die Folgeprodukte aus dem Blut abtransportiert sind, sind wir wieder gesund.

Normalerweise stehen Antikörper und Antigen in einem vernünftigen Verhältnis. Das entstehende „Abtransport-Molekül" ist so klein, dass es problemlos selbst durch feinste Kapillargefäße fließen kann. Die Zerlegung und der Abtransport werden bei einem intakten Immunsystem in großer Geschwindigkeit vollbracht.

Möglicher Verlauf einer gestörten Immunreaktion bei Dauerbelastung

Dauerbelastung
⇓
Mögliche Fehlsteuerung
⇓
Zu heftige Immunreaktion
⇓
Überschuss an Antikörpern
⇓
Entstehung von Riesenmolekülen (Immunkomplexen)

Bei Daueralarm kann es zu einer Störung in der Produktion der Abwehrzellen kommen. Die überschießende Produktion von Antikörpern stoppt nicht mehr, weil das Signal zur Entspannung als „Entwarnung" überhört wird oder weil jeder „Ankömmling", also auch ein an sich harmloses Allergen, als „extrem feindlich" falsch interpretiert wird, so dass die Produktion über das notwendige Maß hinaus immer weiter angefeuert wird.

Eine solche Störung kann besonders leicht ab dem 40. Lebensjahr und in Phasen der Erschöpfung des Gesamtorganismus auftreten. Eventuell fallen Botenstoffe oder Blocker aus, die die angelaufenen Prozesse stoppen könnten. Wenn die Immunreaktion aufgrund von Dauerbelastung oder Alterungsprozessen durch solche Überproduktion gestört wird, kann es sein, dass im Blut dann nicht zu viele Krankheitserreger, Allergene, Gifte usw. vorhanden sind, sondern zu

viele Antikörper. Unser Immunsystem ist übermäßig „aufge-
rüstet" und reagiert hektisch.

Dieser Überschuss an Abwehrzellen gehört aber nicht ins
Blut, muss also beseitigt werden. Um das ursprüngliche
Gleichgewicht wiederherzustellen, koppeln sich gleich mehrere Antikörper an ein angreifendes Antigen an. Es entstehen riesige Makromoleküle, z. T. aus mehreren Antigenen
mit extrem vielen Antikörpern gleichzeitig (Immunkomplexe).

**Das Auseinanderreißen des biophysischen
Gleichgewichts: die autoaggressive* Immunreaktion**

Immunkomplexe
⇓
Festsetzen an Engstellen
(Schwachstellen der Blutversorgung)
⇓
Interpretation als „Fremdkörper"
⇓
Autoaggressive Fehlreaktion
⇓
Zerstörung des eigenen Gewebes

Weil durch die Stressreaktion die gesamte Kapillarmuskulatur angespannt wird, so dass die Kapillaren* enger werden
und das Blut gleichzeitig dickflüssiger wird, können die rie-
sigen Immunkomplexe nicht mehr so leicht abfließen.
Besonders an den Engstellen der Blutversorgung, also in
ungenügend bewegten Gelenken, (z. B. Gelenk-Innenhäuten
und Knorpelregionen), in verspannten Muskeln, an geschädigten Zellwänden, kleben diese Immunkomplexe mit Fibrin*
fest, das in der Stressreaktion gleichzeitig im Übermaß hergestellt wird. Sie werden von den Lymphozyten dort als
nicht hingehörig angesehen und behandelt, als wären sie
ebenfalls feindliche Antigene. Die Abwehrzellen beginnen,
das gesamte verklebte Gewebe und dessen Umgebung – also
auch das körpereigene Gewebe - abzubauen und in einer
autoaggressiven Fehlreaktion zu zerstören. Dies kann ganz
ungebremst ablaufen, weil das eigene Gewebe auch als

Antigen fehlinterpretiert wird. Diese autoaggressive Fehl-funktion äußert sich z. B. in schmerzhaften Schüben rheu-matischer Entzündungen. Ggf. wird das ganze Gelenk vom eigenen Immunsystem „wohlmeinend" zerstört (Arthritis). (nach GEESING 1993: S. 96 ff.)

Diese „überschießende" Produktion von Abwehrzellen, die vollständige Irritation unseres Immunsystems durch Stress, ist meist erst im Rückblick zu erkennen. Häufig stellt sich nach einer Serie von kleinen gesundheitlichen Störungen ein „Moratorium" ein. Wir sind zunächst weniger infektan-fällig, da alles Schädliche umgehend eliminiert wird – unser Immunsystem scheint besser zu funktionieren als zuvor. Dann aber kann schon eine geringfügige weitere Belastung die Entgleisung einleiten. Unser Immunsystem scheint kein Stopp-Signal mehr zu kennen, „rennt" nur noch, selbst wenn wir uns jetzt doch eine Erholung gönnen.
Wenn das Immunsystem bereits so umfassend entgleist ist, reichen Maßnahmen einer Stressprophylaxe nicht mehr aus. Eine umfassende medizinische Behandlung wird erforder-lich. Dazu gehören dann unter anderem

- das Erlernen von Stopp-Signalen (Training einer Ent-spannungsmethode),
- die gezielte körperliche Beeinflussung zur besseren Durchblutung und zur Verstärkung des Lymphflusses (Abbau der Immunkomplexe).

Außerdem muss jetzt sofort eine Veränderung der Lebens-führung einsetzen, die u. a. kognitiv mitbeeinflusst werden kann. Manchmal ist aber auch eine Bearbeitung unbewuss-ter Konflikte oder unbewusster Motive nötig, um mit einer dann auch gefühlsmäßig veränderten Einstellung die eigene Lebensweise zu verändern.

Die Bedeutung von Bewegung
beim Abbau von Immunkomplexen

Jede körperliche Bewegung erfüllt wichtige Service-Aufgaben für unsere Gesundheit. Sie dient u. a.

- der Kräftigung unseres Kreislaufes,
- der Anregung des Stoffwechsels (z. B. zum Abbau des überschüssigen Adrenalins),
- der besseren Durchblutung der Muskulatur (z. B. zur besseren Sauerstoffversorgung aller Zellen)
- und ganz wesentlich der Verbesserung des Lymphflusses.

Ein Großteil der Abwehrzellen lebt und ernährt sich in der Lymphe und „reist" in ihr zu den entsprechenden Krisengebieten des Körpers – ein ungehinderter Lymphfluss ist also Bedingung für ein intaktes Immunsystem und damit für Gesundheit.

Die Lymphe hat aber keine eigene Pumpe für ihre Zirkulation wie die Blutbahn mit der „Herz-Pumpe". Sie wird ausschließlich durch die Muskelbewegungen, z. B. durch das Heben und Senken des Brustkorbs während der Atmung, durch körperliche Bewegung angestoßen und durch den Blutfluss in Bewegung gehalten. Gerät der Lypmphfluss ins Stocken (Lymphstau), haben Abwehrzellen ein großes Problem. Ganze Bereiche des Körpers „verschmutzen", da Zellen nicht mehr versorgt und entsorgt werden können. Dann können sich dort Krankheitserreger gut entfalten, während die Abwehrzellen große Mühe haben, überhaupt dorthin zu gelangen.

Mehr Muskelbewegungen und Gelenkbewegungen

⇓

Besserer Lymphfluss

⇓

Bessere Fortbewegung der Abwehrzellen

Bewegung ist besonders für die Körperregionen wichtig, bei denen die Blutversorgung unzureichend ist. So sind z. B. die Gewebe von Gelenkinnenhäuten und Knorpelregionen nicht von Blutgefäßen durchzogen. Die Lymphe gelangt erst durch den entstehenden Druck und Sog bei Muskelbewegungen dorthin. Das heißt, dass erst bei ausreichender Bewegung auch diese Regionen ver- und entsorgt werden.

Somit ist eine systematische und regelmäßige Bewegung u. a. auch eine gute Vorbeugung gegen Gelenkschädigungen durch langanhaltende sitzende Tätigkeiten.

Bei einem überschießenden Immunsystem können sich dort, wo der Blutfluss ins Stocken gerät, besonders gut Immunkomplexe bilden, die zu einer Autoimmunerkrankung führen können. Auch hier ist zur Vorbeugung eine ausreichende Bewegung unbedingt erforderlich – aber sanft, nicht als neues Stressprogramm!

- Entspannungseinleitende Bewegungsübungen dürfen zwar kraftvoll, aber keinesfalls sehr anstrengend sein.
- Die körperliche Bewegung sollte dabei erfreulich bleiben.
- Sie sollte möglichst einige Minuten kontinuierlich durchgehalten werden.

Mit einigen sanften Bewegungsabfolgen (aber auch mit entsprechender Massage) kann man gut zur Verbesserung des Lypmhflusses beitragen. Wichtig ist aber, sich nicht zu stark zu fordern, damit das Gehirn dies nicht schon wieder als erneute „Alarm"-Situation missversteht. Insofern können sich Bewegungsübungen sogar schädigend auswirken, wenn sie dauerhaft als unerfreulich, lästig, unangenehm und somit als neue Belastung betrachtet werden.

Von Unterstützung eines Entspannungsprozesses, von Ressourcenstärkung kann man also erst dann sprechen, wenn bei diesen Betätigungen das Gehirn die Meldung erhält: „Das macht Spaß" oder „Das ist für mich sinnvoll."

Ein allzu leistungsbezogenes Trainingsprogramm, das zudem noch widerwillig ausgeübt wird, kann somit zwar die Muskeln kräftigen, das Immunsystem jedoch gleichzeitig schwächen.

So wie es ein Trugschluss ist, in jedem gesunden Körper auch einen gesunden Geist zu vermuten, so ist es irrig, in jedem Sportlerkörper auch ein gesundes Immunsystem anzunehmen. Untersuchungen an Spitzensportlern und an Breitensportlern, aber auch an Tieren bestätigen: Während

Der Mensch kann nicht zu neuen Ufern vordringen, wenn er nicht den Mut aufbringt, die alten zu verlassen. (André Gide)

eines sehr anstrengenden Trainings oder bei Wettkämpfen können die Gammagluboline* im Blut weit unter die Hälfte des Normalwertes absinken, das Immunsystem wird bei körperlicher Überforderung geschwächt und erholt sich oftmals nicht einmal innerhalb von 24 Stunden davon. Demgegenüber können bei einem behutsamen, der individuellen Leistungskraft angepassten Training, das sich ohne Belastung in das eigene Leben einfügt und ein bisschen Spaß macht, in der Regel nach einiger Zeit die angestrebten Ziele deutlich wahrgenommen werden.

Welche der Ihnen bisher bekannten Übungen zur entspannenden Bewegung entsprechen den hier erläuterten Erfordernissen zur Stabilisierung Ihres Immunsystems und zum Abbau von Immunkomplexen?
Bitte machen Sie sich dazu einige Notizen, damit Sie Ihr späteres Trainigsprogramm gelegentlich variieren können.

1. ....
....
....
....

2. ....
....
....
....

3. ....
....
....
....

4. ....
....
....
....

5. ....
....
....
....

Von der Anspannung zur Entspannung – der Umschaltprozess

Wahrnehmungsübungen/Selbstreflexionen (W)

Die Kunst des Ausruhens ist ein Teil der Kunst des Arbeitens (John Steinbeck)

Damit Sie den nachfolgenden Text nicht in einem Rutsch durchlesen, sondern immer wieder zum „Anhalten" aufgefordert werden, und damit Sie die Theorie immer wieder konkret auf Ihr eigenes Leben beziehen können, sind die folgenden Wahrnehmungsexperimente und Selbstreflexionen eingeflochten (W). Diese Übungen können Sie ganz für sich allein durchführen, aber es wäre sehr günstig, wenn Sie sie nicht nur „im stillen Kämmerlein" machen würden, sondern sich dazu mit anderen austauschen könnten. Vieles vertieft oder relativiert sich dadurch. Außerdem könnte das auch ein Anlass sein, Kollegen von einer neuen Seite kennenzulernen...

W 1: Mein Arbeitsverhalten
W 2: Bisherige Lieblingsübungen
W 3: Mittendrin und zwischendurch
W 4: Die Zitrone
W 5: Im Sessel
W 6: Familienregeln
W 7: Einengende Dogmen
W 8: Meine Tagesleistungskurve
W 9: In Eile (Vgl. nächstes Kapitel.)

Bitte beginnen Sie schon jetzt mit dem Übungsprogramm der ersten Woche (S. 75 ff.). Das nachfolgende Kapitel stellt die begleitende theoretische Grundlage dazu dar.

W 1: Mein Arbeitsverhalten
(Selbstreflexion)

a Machen Sie sich bitte bewusst, in welcher körperlichen Befindlichkeit Sie gerade jetzt diesen Text lesen:

- Sitzen Sie bequem in entspannter Haltung und lesen Sie in Ruhe?
- Oder stehen Sie mit einer Kaffeetasse unter innerlichem Druck am Schreibtisch und werfen direkt vor einem Termin noch einen Blick auf diesen Text?
- Nehmen Sie kurz wahr, wie sich Ihr Körper in diesem Moment anfühlt: Spüren Sie z. B. irgendwelche Anspannungen im Rücken, Magen oder im Kopf – oder nehmen Sie Ihren Körper jetzt als entspannt wahr?
- Fühlen Sie sich erholt und leistungsfähig – oder benötigen Sie eigentlich jetzt dringend ein Pause?
- Beschreiben Sie Ihre übliche Arbeitshaltung:

_____

_____

_____

_____

_____

b Steht das Ausmaß Ihrer täglichen kleinen Regenerationsphasen in vernünftigem Verhältnis zu Ihrer Arbeitszeit? Was hindert Sie daran, sich ausreichend Pausen zur körperlichen und geistigen Erholung zu gönnen? Bitte überprüfen Sie mit Ihrer Uhr: Wieviel Zeit kostet Sie folgender „Stopp":

▸ *Räkeln und strecken Sie sich, bewegen Sie sich ein paar Schritte und atmen Sie mehrmals tief ein und aus. Spannen Sie Ihre Schultern an und entspannen Sie sie wieder. Bewegen Sie kurz alle Gelenke in beliebiger Reihenfolge und ohne Kraftanstrengung.*

Dieser „Stopp" hat mich .... Minuten Arbeitszeit „gekostet".

Wozu dient Entspannung?
Der Abbau von Stressreaktionen

Bei jeder als Belastung empfundenen Situation laufen die auf S. 20 ff. beschriebenen körperlichen Veränderungen als archaisches biologisches Programm ab: Kreislauf und Stoffwechselvorgänge bereiten sich darauf vor, Energie bereitzustellen; schlagartig werden Hormonproduktion und Stoffwechselprozesse für die Bewältigung der aktuellen Situation mobilisiert. Darauf folgt die Erholungsphase mit dem Absinken von Sympathikus-Erregung und Drüsenaktivierung.

Kreislauf und Stoffwechselvorgänge kippen kurzfristig unter das Ausgangsniveau und pendeln sich dann langsam wieder auf den Normalzustand ein.

Um berufsbedingter Erschöpfung vorzubeugen, ist es notwendig, sich auch im schulischen Arbeitsfeld Möglichkeiten der Entspannung zu verschaffen.

Wird dabei die rhythmische Abfolge von energieverausgabenden und energieregenerierenden Prozessen gestört, entstehen Stress-Symptome bzw. Erkrankungen (DERRA 1997).

Während nun Erregung und Spannung schlagartig auftreten können, ist leider die Entspannung, die Phase der Regeneration von Energien, nicht ebenso schlagartig herstellbar: Deaktivierung bzw. Beruhigung geschieht im Vergleich zur Aktivierung im Z E I T L U P E N T E M P O.

Bei schnell hintereinander auftretenden Anforderungen, wie es am Unterrichtsvormittag der Fall ist, fehlen oft die notwendigen Entspannungsphasen des Ausbalancierens und Harmonisierens.

Bleibt das vegetative Nervensystem auf Daueralarm eingestellt, fühlen sich viele Lehrer oft schon nach der vierten Unterrichtsstunde gereizt und müde – der Körper fordert deutlich seine Erholungsphasen. Diese Erholung kommt aber oft zu spät, weil ein Abschalten u. a. aufgrund des schon angestiegenen Adrenalinspiegels erschwert ist. Er treibt den hohen Hormonspiegel weiter an und verbreitet Unruhe.

Da ein längerer „Rückzug" aber meist nicht möglich ist, wird es wichtig, unseren Körper so zu beeinflussen, dass der Entspannungsprozess auf kleinste Signale hin angeregt wird, damit die Regeneration schon in ganz kurzer Zeit stattfinden kann. Dieses Umschalten auf Entspannung kann mit Hilfe verschiedener Verfahren und Techniken gelernt werden. Das Übungsprogramm S. 75 ff. bietet dafür diverse Hinweise.

Wie funktioniert Entspannung?
Der „Umschaltprozess"

Auch die Entspannungsreaktion hat ein biologisches Grundmuster. Ebenso, wie unser Organismus relativ stereotyp auf Belastungssituationen reagiert, läuft auch die Entspannungsreaktion als instiktives Programm ab und kann durch eine Vielzahl situativer, affektiver und kognitiver (auch pharmakologischer) Signale ausgelöst werden.

Nach jedem Ablauf des Stressmechanismus muss der Organismus anschließend Zeit und Gelegenheit finden, zur normalen Aktivität zurückzukehren:

- Zucker und Fette sollen aus dem Blut abtransportiert werden.
- Überschüssige Hormone müssen abgebaut werden und alle Hormongruppen müssen sich wieder gegenseitig ausbalancieren (Hormone der Nebennieren, der Schilddrüse und der Sexualorgane).
- Die verkrampfte Kapillarmuskulatur muss Zeit finden, sich wieder zu lockern.
- Das Blut muss von der überhöhten Gerinnungsfähigkeit befreit werden (sonst Thrombose- /Infarktgefahr).
- Die gesamte Drüsentätigkeit muss sich wieder umstellen.
- Der Überschuß an körpereigenen Opiaten muss wieder abgebaut werden usw.

Gelingt es, den Anspannungsprozess umzukehren, so wirkt sich auch die Entspannungsreaktion nicht nur körperlich aus, sondern auch geistig und gefühlsmäßig. So verbessert sich z. B. in der Entspannung die Fähigkeit zu abwägendem Überlegen und zur mentalen Distanzierung von Problemen. Ängste mindern sich, das Denken wird wieder flexibler und die Stimmung ausgeglichen.

Aus diesem Grund gehören z. B. in ganzheitlichen Therapiekonzepten auch immer körperliche Bewegung und Entspannungstrainings mit zur Behandlung seelischer Störungen und psychosomatischer Erkrankungen.

Unter Entspannung verstehe ich ein körperliches, geistiges und emotionales „Locker-werden". In diesem Zustand fühlen wir uns wohl und sind gut leistungsfähig.

Das geistig-seelische Loslassen und Geschehenlassen muss aber oftmals richtiggehend neu gelernt werden. Ein Lehrer soll ja immer bereit sein zu vielschichtigem Einsatz, zu stetiger Aufmerksamkeit, zur Ausübung mehrerer Tätigkeiten gleichzeitig. Die Haltung des Loslassens steht also dem, was uns beruflich qualifiziert, diametral entgegen.

Aber ein „mehr desselben" (konstante angespannte Aufmerksamkeit) führt leider nicht zur weiteren Professionalisierung, sondern in eine Blockade. Der Adrenalinspiegel steigt immer weiter an, die Wahrnehmungsfähigkeit für das „Warnsignal", für die körperliche Anspannung, wird immer weiter eingeengt, und häufig äußert sich die vorhergehende zu starke Anspannung dann erst in der Ruhephase als Schmerz oder als scheinbar plötzliche Erkrankung.

Stufen der Entspannung

Nach sehr langer Anspannung kann man nicht auf Kommando entspannen.

Zur Wiedererlangung eigener Ressourcen und zur Förderung der Selbstheilungskräfte unseres Organismus ist es daher notwendig, dass wir lernen,

- die entstehende Anspannung immer frühzeitiger wahrzunehmen,
- Pausen einzulegen, um den biologischen Stressmechanismus wirklich zu stoppen,
- die schon eingetretenen körperlichen Verspannungen und geistigen Blockaden wieder zu lösen und
- uns präventiv immer wieder selbst Momente der Entspannung zu gönnen.

Unsere Widerstandsressourcen

Wir haben viele Möglichkeiten, den Prozess der Verkrampfung zu stoppen und die körpereigenen Heilkräfte zu aktivieren. Dies ist ein wichtiges Ziel, um körperlich, geistig und seelisch so gesund zu bleiben (oder es wieder zu werden), damit wir nicht nur individuell Erregung wahrnehmen, absenken und Verspannungen somit lösen können, sondern damit wir auch genügend Kraft behalten, um

- in übermäßig stark belastenden schulischen Situationen verändernd eingreifen oder sogar die eigenen Rahmenbedingungen der Arbeit verbessern zu können,
- unseren eigenen Umgang mit nicht änderbaren Bedingungen anders als bisher zu gestalten, so dass wir sie u. a. auch in einer gesundheitlich verträglicheren Weise erleben können,
- nicht nur berufliche Situationen besser bewältigen zu können, sondern das private und berufliche Leben „trotz alledem" mit Freude und Genuss leben zu können.

Es gibt dabei viele Ressourcen auf die wir zurückgreifen können, u. a.

a) unsere *konstitutionelle Stabilität* (= angeborene und erworbene körperliche Verfassung)

b) *biologische Kenntnisse und Gesundheitspraktiken*
- gesunde Ernährung
- Entspannungstechniken
- Sport usw.

c) *Unterstützung*
- am wichtigsten: soziale Unterstützung und seelischer Rückhalt (privat und beruflich)
- materiell-finanzielle Absicherung
- gute medizinische Betreuung usw.

Bei großen Belastungen, z. B. durch die vorgegebenen Rahmenbedingungen der Arbeit, durch Schwierigkeiten der persönlichen Lebenssituation oder durch innere Konflikte, ist es hilfreich, Erleichterung zu schaffen durch das Gespräch mit Kollegen, Freunden oder ggf. sogar durch professionelle Hilfe (Supervision, Coaching, Therapie). Gleichzeitig kann aber auch in akuten Krisen den Auswirkungen solcher Belastungen durch Entspannungsübungen entgegengewirkt werden.

Wissen erwerben ist der erste Schritt. Die Nutzung aller Ressourcen ist der zweite Schritt. Das bedeutet: Grundlegend für die Fähigkeit, sich gesund zu erhalten, ist die Bereitschaft, das heilsame Wissen anzuwenden.

Denken Sie nicht nur gelegentlich an Pausen, sondern führen Sie sie auch durch!

Es gibt keinen Grund, mit sich selbst schlechter umzugehen als ein ausbeuterischer Arbeitgeber des Frühkapitalismus...!

Pausen brauchen nicht lang zu sein. So sind z. B. mehrere kurze Stopps während der Arbeitszeit viel wirkungsvoller für die Entspannung als eine längere Pause.

W 2: Bisherige Lieblingsübungen zur Kurzentspannung
(Rückbesinnung)

Falls Sie schon einige „Lieblingsübungen" zur Entspannung in Ihrem Repertoire haben, notieren Sie sie am besten gleich hier mit Stichwort und Skizze, damit sie „vorrätig" sind, wenn die Phantasie nach anstrengenden Korrekturen wieder einmal völlig eingeengt ist:

a

b

c

d

e

W 3: Mittendrin und zwischendurch
(Mini-Pausen durch Wahrnehmungslenkung)

Bevor Sie weiterlesen, überlegen Sie bitte: Wieviele Pausen haben Sie während der letzten beiden Stunden gemacht?

Schon bewusstes Wahrnehmen und Erleben mit allen Sinnen (riechen, schmecken, hören, sehen, fühlen) kann eine Mini-Pause und damit Erholung sein. Probieren Sie es jetzt aus, vielleicht so:

- Ein Stück Obst holen, daran riechen, es mit Aufmerksamkeit essen.
- Ein besonders schönes Glas auf den Schreibtisch stellen und daraus mit Genuss (die vorgesehenen täglichen zwei Liter Wasser) trinken.
- Ein freundliches Wort an jemanden in der Nähe richten.
- Den persönlichen „Five o'clock tea" zelebrieren.
- Einen Blick aus dem Fenster werfen, in die Wolken schauen, sich dabei räkeln.
- Das Radio anstellen, sich zur Musik ein paar Schritte im Takt bewegen, Musik ausstellen, „bewegt" an die Weiterarbeit gehen.
- Kurz in den Garten gehen, an einer Blüte riechen oder ein Blatt pflücken und an den Computer kleben.
- Auf den Balkon treten und kurz die regennasse klare Luft riechen oder die Sonne auf der Haut spüren.
- Gesicht/Augenpartie leicht massieren.
- Oder...

- ....

- ....

- ....

- ....

- ....

Methoden und Ziele

Die psycho-vegetative Beeinflussung des Organismus kann durch verschiedene Entspannungsverfahren und Techniken erreicht werden. Die bekanntesten sind die Progressive Muskelentspannung (PME), das Autogene Training (AT) sowie die darauf aufbauenden Phantasiereisen und Atemübungen/ Atemmeditationen. Die meisten Übungen aus dem folgenden Übungsteil sind aus den o. g. Verfahren und Techniken abgeleitet.

Ebenso bewährt und auch in der Schule einsetzbar sind fernöstliche Entspannungsverfahren (Meditation, Yoga, Tai Chi/QiGong). Auch dazu gibt es schon Lehrerfortbildungsangebote. Im Übungsteil ist jeweils angegeben, auf welcher Grundlage die Übungen beruhen. Vielleicht kommen Sie ja bei den Angeboten, die Ihnen noch unbekannt sind, auf den „Geschmack"...

Wie wird der Umschaltprozess eingeleitet?

Ziel aller von mir vorgeschlagenen Techniken ist es, die gewünschte Entspannungsreaktion auf wenige (selbst herbeizuführende) Schlüsselreize hin auszulösen. Dies setzt allerdings voraus, dass so regelmäßig und intensiv praktiziert wird, dass die Entspannungsreaktion dadurch immer automatischer und vollständiger „hervorgelockt" werden kann.

Die meisten Entspannungstechniken lösen den Entspannungsmechanismus durch körperliche Aktivität aus. Auch bei normaler körperlicher Arbeit und bei sportlicher Betätigung werden Muskelverspannungen gelöst, die angesammelten Stoffwechselprodukte im Blut abgebaut und seelische Spannungen positiv beeinflusst (vgl. S. 32 ff). Kopfarbeiter müssen diese Effekte durch gezielte Interventionen – also kleine Übungen zum Umschalten – herbeiführen. Dabei sollen möglichst viele Muskeln durch wechselnde maßvolle Anspannung/Entspannung wieder in einen entspannten Zustand versetzt werden.

Der Umschaltprozess lässt sich aber ebensogut durch Beeinflussung des autonomen Nervensystems mit Hilfe eines

„Tricks" bewirken, und zwar durch Konzentration auf bestimmte Körperprozesse (bewusste Wahrnehmung von Schwere- oder Wärmeempfindung bzw. des Atemvorganges). Beide Vorgehensweisen lassen sich vorzüglich miteinander kombinieren, was in der Regel die Regenerationswirkung deutlich verstärkt. Im Übungsmanual finden Sie daher sowohl Übungen zur muskulären Beeinflussung und mentale Trainingsbausteine als auch kombinierte Angebote.

Die anspannende oder entspannende Wirkung eigener Vorstellungen

Mentales Training gehört zum Standardprogramm von Leistungssportlern. So steht z. B. der Stabhochspringer vor dem Sprung konzentriert am Start und spielt in der Phantasie erst die Situation genau durch, damit seine Muskulatur, seine Hormone und seine Aufmerksamkeit auf diese Leistung vorbereitet sind und ihn bei dieser enormen Anforderung optimal unterstützen. Wie schnell der Körper auf bildhafte Vorstellungen reagiert, soll das folgende Experiment verdeutlichen:

W 4: Die Zitrone
(Wahrnehmungsexperiment)

- Setzen Sie sich bequem auf einen Stuhl, räkeln Sie sich etwas und entspannen Sie sich einen Augenblick.
- Stellen Sie sich vor, Sie halten eine gelbe, sehr saftige Zitrone in der Hand. Versuchen Sie, sich diese Vorstellung ganz zu Eigen zu machen.
- Stellen Sie sich vor, Sie würden diese saftige Zitrone durchschneiden und den Saft auf Ihre Zunge träufeln. Versuchen Sie, sich den Geschmack dieses sauren Saftes auf Ihrer Zunge genau vorzustellen.
- Welche körperlichen Reaktionen können Sie bei sich beobachten?

Wahrscheinlich ist Ihnen schon bei der Vorstellung, eine saftige saure Zitrone durchzuschneiden, das Wasser im

Mund zusammengelaufen. Das heißt, Sie haben mit einer für Sie selbst bedeutsamen gedanklichen Vorstellung Ihren Speichelfluss in Gang gesetzt, also Ihr unwillkürliches, d. h. Ihr vegetatives Nervensystem beeinflusst. [5]

Wie diese (und auch die nachfolgende) Imaginationsübung belegen, korrespondieren geistige, körperliche und seelische Zustände miteinander. So können geistige Vorstellungen körperliche Prozesse beeinflussen bis hin zu direkten Veränderungen des Blutbildes. Das ergab folgendes wissenschaftliche Experiment (GEESING 1993: S. 67): Den Versuchspersonen wurden fünf Tage lang Adrenalin-Injektionen verabreicht, die erwartungsgemäß die Aktivität der Killerzellen steigerten. Dann wurde ohne Wissen der Testpersonen das Adrenalin durch einfache Salzlösung ersetzt. Das Immunsystem reagierte aber genau gleich. Die Aktivität der Killerzellen stieg an, weil dem Immunsystem „gemeldet" wurde, es müsse sich wieder um Adrenalin handeln.

Unser gesamtes Vegetativum hat Auswirkungen auf unser Immunsystem. Das Immunsystem reagiert also nicht völlig autonom, sondern wird vom Gehirn angefeuert oder gehemmt (SROKA 1980). Besonders bedeutsam ist dabei das Zusammenspiel des Zentralnervensystems, das die Beziehung zur Umwelt steuert [6], mit den vegetativen Regulatoren (vegetatives Nervensystem und Hormondrüsen) [7]. So wie Angst, Ärger oder Kummer u. U. vom Immunsystem als Meldung: „Hochalarm – sofort aufrüsten" oder: „Hat alles keinen Sinn mehr, Produktion einstellen" interpretiert werden, so können im Gegensatz dazu auch Hoffnung, Freude und Lust das Vegetativum beeinflussen und damit das Immunsystem stabilisieren. (Siehe dazu auch Kapitel 6.)

Mit Imaginationen und bildhaften Vorstellungen können sogar Krankheiten gezielt bekämpft werden. Imagination wird auch zur Behandlung schwerer chronischer Erkrankungen und (vorrangig in den USA) begleitend zur Krebstherapie angewendet (vgl. SIMONTON 1992). All diese Vorgänge zwischen Gehirn, Nervensystem, Hormonsystem und Immunsystem werden zur Zeit intensiv erforscht (Psycho-Neuro-Immunologie).

Für das Stoppen einer Stressreaktion bzw. zum Training einer Entspannungsreaktion sind daher folgende Erkenntnisse sehr bedeutsam. Das vegetative System lässt sich u. a. durch bestimmte gedankliche Vorstellungen beeinflussen (BON-GARTZ 1998):

Die Erwartung einer unangenehmen bzw. angenehmen Situation kann

- negative bzw. positive Gedanken,
- veränderte Gefühle,
- körperliche Reaktionen (Herzschlag, Atmung, Drüsentätigkeit usw.) und
- besondere Verhaltensweisen

auslösen.

Genauso wie bestimmte Gedanken den Stressmechanismus auslösen können, können eigene Vorstellungen auch den Umschaltprozess bewirken.

Obwohl sich das autonome System (Herz, Kreislauf, Atmung, Drüsentätigkeit usw.) normalerweise nicht willentlich beeinflussen lässt, gibt es also einen Trick, Einfluss zu nehmen: Wir können eigene innere Vorstellungen entwickeln oder uns zu bestimmten Bildern anregen lassen, z. B. durch Musikklänge, durch Phantasiegeschichten usw. Und unsere Vorstellungen beeinflussen dabei wiederum die Vorgänge in unserem Körper.

Diese Erkenntnis kann gezielt genutzt werden, um den Umschaltprozess zu starten und die Entspannung zu fördern. Das heißt, ebenso wie unsere körperliche Verfassung Auswirkungen auf unsere kognitiven Funktionen und unsere Emotionen hat, können auch gedankliche Inhalte seelische und körperliche Prozesse beeinflussen.

Damit Ihnen dieser Zusammenhang deutlicher wird, führen Sie bitte einmal mit einer Kollegin/einem Kollegen die folgende Imaginationsübung durch:

W 5: Im Sessel
**(Imaginationsübung zum Erfassen der
körperlichen Reaktion auf eine innere Einstellung)**

Bitten Sie Ihre Kollegin/Ihren Kollegen, sich für drei Minuten bequem hinzusetzen, die Augen zu schließen und sich das nachfolgende Stimmungsbild anzueignen. Sprechen Sie folgenden Text langsam genug, damit die vorgeschlagenen Bilder in der eigenen Phantasie lebendig werden können:

Teil 1: „Ich sitze in einem bequemen Sessel in einem angenehmen Raum mit einem alten Kachelofen. Vielleicht kenne ich diesen Raum, vielleicht denke ich ihn mir jetzt aus... einen Raum, in dem ich mich wohl fühle... Ich sitze in einem bequemen Sessel, habe sehr viel Zeit und fühle mich wohl...
Der Sessel ist bequem und weich, ich kann mich dort ausstrecken, die Füße hoch legen, mich räkeln und sogar etwas vor mich hin träumen... Ich bin vollkommen ruhig, gelöst und entspannt...
Ich betrachte den schönen Ofen und freue mich, dass er gerade in diesem Zimmer steht und solch eine angenehme Wärme verbreitet... Die Glut knistert anregend, und ich nehme die Wärme des Ofens auf meiner Haut wahr... Ich lasse meinen Blick wandern zu einer Schale mit Bratäpfeln, die auf dem Ofen vor sich hin brutzeln... Ich rieche den angenehmen Duft der Bratäpfel... Es ist eine wohlige, entspannte Atmosphäre. *Ich habe viel Zeit, und ich genieße die Ruhe...*"
(Diesen Ausklang der Übung etwas wirken lassen, dabei die letzte „Formel" noch ein- bis zweimal wiederholen.)

Teil 2: (Verwenden Sie diesen anschließenden zweiten Übungsteil nur als einmaliges Wahrnehmungsexperiment und nicht als Bestandteil einer Entspannungsübung:) „Ich nehme wahr, wie sich mein Körper entspannt. Und nun versuche ich, mich in diesem entspannten Zustand auf eine neue Emotion zu konzentrieren. Ich versuche, mich in diesem entspannten Zustand zu ärgern... Ich will mich jetzt kräftig über etwas aufregen, richtig kräftig ärgern." (20 Sekunden Zeit lassen und dann sofort mit der „Rücknahme" des Autogenen Trainings beenden: Arme und Fäuste fest anspannen und lösen, räkeln und tief atmen, langsam die Augen öffnen.)

Reflexion:

- Was haben Sie bei dieser letzten Anweisung verspürt?
- Ist Ihnen das Gefühl von Ärger unter Beibehaltung der entspannten Haltung möglich gewesen?
- Was mussten Sie tun, um Ärger entstehen zu lassen?
- Wie hat sich Ihr körperlicher Zustand dabei verändert?

Auswertung: Sie werden feststellen, dass es nicht möglich ist, sich in entspannter Haltung wirklich aufzuregen. Möglicherweise mussten Sie lachen, oder Sie waren so verdutzt, dass Sie aus der Entspannung herausgerissen wurden.

In völliger Entspannung kann man sich nicht ärgern, der Körper ist mit all seinen Stoffwechselvorgängen und auch mit seinem Gefühlszustand auf Entspannung eingestellt. Ärger dagegen ist mit Anstieg des Blutdrucks, mit Verspannung der Muskulatur verbunden; eine angespannte Haltung lässt wiederum nur sehr bedingt gleichzeitige Glücksgefühle zu usw. Körper, Geist und Seele stehen in einem dialektischen Verhältnis: körperliche Entspannung korrespondiert zwangsläufig mit seelischer Entspannung und umgekehrt.

Der erste Übungsteil (ohne die ärgerliche Vorstellung) ist eine eigenständige Entspannungsübung. Vielleicht wollen Sie diesen Ort der Ruhe mit eigenen Vorstellungen ausgestalten. Beenden Sie die Übung immer mit der Rücknahme aus dem Autogenen Training. (Arme und Fäuste entspannt lösen, räkeln, tief atmen, langsam die Augen öffnen.)

Entspannung durch Veränderung von Bewertungen

Anhand der folgenden Fragen (W 6) können Sie überprüfen, welche alten Familienprinzipien Sie weiterhin akzeptieren und welche Sie verändern wollen.

Viele dieser früheren Familienregeln (Gebote, Verbote) beeinflussen uns, ohne dass wir uns dessen bewusst sind, noch heute. Viele Menschen, die nach dem Motto: „Erst die Arbeit, dann das Vergnügen" erzogen wurden, haben die Befürchtung, sie würden gleich ziemlich schlampig werden, wenn sie sich anders verhielten. Sich dem Genuss hinzuge-

W 6: Familienregeln
(Reflexion)

Welche Gebote/Verbote/Regeln gab es in Ihrer Kindheitsfamilie, die Erholung/Genuss/Freude zurückdrängen oder die Sie zu ununterbrochener Leistung auffordern? Kennen Sie die folgenden Grundsätze?

• Erst die Arbeit, dann das Vergnügen.
• Bei uns gibt es das nicht, dass herumgesessen wird. Tu was!
• Zeit ist Geld.

An welche ausgesprochenen oder unausgesprochenen Regeln in Ihrer eigenen Erziehung erinnern Sie sich? Wann war Genuss erlaubt? Womit war Freude verbunden? Welche Gebote/Verbote beeinflussen noch heute Ihr Denken – Fühlen – Handeln? Nehmen Sie sich etwas Zeit zum Erinnern – vielleicht im Gespräch mit anderen.

1. ....

....

2. ....

....

3. ....

....

4. ....

....

5. ....

....

ben, ohne zuvor etwas geleistet zu haben, kann dann unbewusste Ängste mobilisieren. Dabei geht es aber doch gar nicht um „alles oder nichts", es geht nicht um „schwarz oder weiß", sondern darum, dass jede Entspannung, die wir uns erlauben, zu einer besseren inneren Balance führt. Wenn der „Motor schön geölt" ist, läuft er besser: Menschen, die sich immer wieder entspannen können, sind in der Regel auch beim Arbeiten produktiver als die „verbissenen" Kollegen.

Um zu einer veränderten, vielleicht sogar einer etwas lebensfroheren Einstellung zu kommen, um Veränderungen in der eigenen Bewertung von äußeren Ereignissen und deren innerer Bedeutung vornehmen zu können, kann es hilfreich sein, sich genauer mit den eigenen Irrationalismen, den „veralteten" verinnerlichten Glaubenssätzen, Geboten, Verboten in Bezug auf sich selbst, die Welt und andere Menschen zu befassen.

Jeder Mensch betrachtet die Welt und ihre Ereignisse durch eine bestimmte, emotionale „Brille" und nimmt daher alle Ereignisse in bestimmter Weise mehr oder minder selektiv wahr. Eine Veränderung dieses individuellen „Wahrnehmungsschemas" ist aber auch im Erwachsenenalter noch möglich, indem man diese Regeln über einen längeren Zeitraum kontinuierlich zur Debatte stellt, sie immer wieder im Gespräch mit anderen abgleicht und damit experimentiert.

W 7: Einengende Dogmen
(Selbstreflexion)

Kennen Sie die einengenden Dogmen, die Ihnen das Leben in der Schule erschweren? Es gibt viele Beispiele für stresserzeugende eigene Einstellungen, die (nicht nur) in der Schule wirksam sind und Lehrern und Schülern das Leben schwer machen können, wie z. B.:

- Kein Kollege hat das Recht, mich zu kritisieren.
- Mein Unterricht muss immer perfekt sein.
- Nur wenn ich absolut sicher bin, kann ich Entscheidungen treffen.
- Es ist wichtig, dass mich alle Schüler akzeptieren.
- Ich darf niemandem weh tun.

Diese irrationalen Grundsätze verleiten uns zu Denkweisen und Handlungen, die uns schädigen. Sie haben negative Rückwirkungen auf unser seelisches und körperliches Wohlbefinden. Darüber hinaus stören sie die Beziehungen zu Kollegen und Schülern.

Es ist eine alte Weisheit, dass Pausen während der Arbeit sinnvoll sind, dass Erholungszeiten die Gesundheit stützen. Aber verinnerlichte Erziehungsideale wie z. B.:

- Zeit ist Geld,
- erst die Arbeit, dann das Vergnügen,
- Erfolg macht schön,
- wer rastet, der rostet, usw.

sabotieren oft einen gesunden Rhythmus von Anstrengung und Erholung.

Neben dem Aufspüren solcher verinnerlichter „Saboteure" kann mit selbstgefundenen Formeln autosuggestiv* eine Veränderung der bisherigen festgefahrenen gesundheitshinderlichen Überzeugungen gestützt werden (wie z. B. durch formelhafte Vorsatzbildung im Autogenen Training). Auch das kontinuierliche Infragestellen eigener Verhaltensweisen fördert die Auflösung solcher irrationalen Denkmuster. Dann kann eine neue Flexibilität erlebt werden, die uns hilft, uns selbst und unsere Probleme nicht so schrecklich schwer zu nehmen.

Engel können fliegen, weil sie sich leicht nehmen.

Da es in der Regel recht schwierig ist, selbstbehindernde Auffassungen zu erkennen, ist ein regelmäßiger kollegialer Austausch, am besten unter fachkundiger Leitung (Supervision), sehr angebracht.

Spielerisch experimentieren
⇓
Sinnlich erfahren
⇓
Gefühlsmäßig neu besetzen
⇓
Bewusst trainieren

Bei GEESING (1990: S. 43 f.) heißt es: „Auch die Stressmechanismen funktionieren nicht automatisch. Sie werden in Gang gesetzt durch sinnliche Wahrnehmungen und die damit verbundenen Schlussfolgerungen aufgrund früherer Erfahrungen. Entscheidend ist nicht das Ausmaß einer Bedrohung, sondern ihre Einschätzung.

Es spielt keine Rolle, ob eine Gefahr tatsächlich gegeben ist oder ob wir sie uns nur einbilden: Der Körper reagiert immer so, als wäre sie Wirklichkeit, falls nur ein Hauch von Panik in uns hochsteigt. In jeder angstbesetzten Situation – ja selbst schon bei Verstimmungen und Anwandlungen von Mutlosigkeit – laufen in unserem Organismus biochemische Prozesse ab, die wir nicht mehr abstoppen können, wurden sie erst einmal in Gang gesetzt. Wenn mir beim Anblick der entscheidenden Prüfungsaufgaben die Hände feucht werden, das Herz heftig zu pochen beginnt, das Blut aus dem Gesicht weicht, der Hals zugeschnürt wird, ist es zu spät, mir einzureden, dass ich auf mein Examen gut vorbereitet bin. Die Einsicht, dass ein Scheitern in dieser Prüfung keine Katastrophe darstellen würde, kann das Stress-Ausmaß vielleicht drosseln, die Stressmechanismen mit ihren biochemischen Folgen aber nicht mehr rückgängig machen.

Stress und Angstgefühle lassen sich nur beherrschen, wenn es nicht zum ersten auslösenden Gedanken, zur falschen Vorstellung kommt.“

Die „richtige“ Entspannungsmethode für Lehrerinnen und Lehrer

Um es gleich vorwegzunehmen: Die eine „richtige“ Methode für jeden Lehrer gibt es nicht. Je nach persönlichem Wertesystem, religiösem Hintergrund, im Vordergrund stehender Symptomatik wird die eine oder andere Technik als hilfreich erlebt. Es ist daher durchaus sinnvoll, verschiedene Entspannungsmethoden auszuprobieren, um Neues kennenzulernen und dann diejenige beizubehalten, die den eigenen Vorlieben und Einstellungen am ehesten entspricht. Ihre Methode muss für Sie persönlich passen. Jede Entspannungsmethode, die sich persönlich bewährt hat, die subjektiv als angenehm erlebt wird, kann geeignet sein, die gewünschten Veränderungen einzuleiten.

Aufgrund der vielfältigen Anforderungen des Schulvormittags ist es wichtig, während des Unterrichts allzu großer Anspannung vorzubeugen. Leider sind nicht alle gängigen Entspannungsmethoden im schulischen Bereich praktikabel. Sie haben oft den Nachteil, dass sie an einen bestimmten Ort (Sport, Yoga), an eine Person (Kursleiter, Supervisor) oder an ein Gerät (Bio-feedback, Kassettenrekorder) gebunden sind, so dass sie nicht überall und zu jeder Zeit anwendbar sind. Ein Lehrer kann nicht während des Vormittags eine Jogging-Runde drehen, um überschüssiges Adrenalin abzubauen. Und auch auf Yoga oder Tai-Chi-Übungen im Lehrerzimmer sind wir kulturell (noch) nicht vorbereitet.

Es gibt aber durchaus praktikable Methoden der Schnellentspannung, die sich zur eigenen Entlastung auch während des Unterrichtsvormittags und bei Bedarf sogar mit Schülern aller Altersstufen durchführen lassen: z. B. Atemübungen, Imaginationsübungen, Phantasiereisen, Progressive Muskelentspannung sowie die Grundübungen des Autogenen Trainings (s. S. 60 ff. und Trainingsprogramm).

Voraussetzung für die Induktion von Entspannung

Wenn Sie Entspannungsmethoden für sich selbst oder mit Ihrer Klasse einüben wollen, dann ist es sinnvoll, bestimmte Bedingungen herzustellen, damit der Entspannungsmechanismus besonders leicht ausgelöst werden kann. Dazu gehören in der Regel:

- ein angenehmer, störungsfreier und möglichst gleicher Übungsort (nur für die Phase des Erlernens);
- regelmäßige feste Übungszeiten, möglichst dreimal täglich (nur in der Phase des Erlernens);
- eine von dem jeweiligen Verfahren vorgegebene Körperhaltung;
- die bewusste Wahrnehmung des Kontrastes von Anspannung und Entspannung;

- das Ausblenden aller äußeren Sinnesreize und Denkvorgänge bei gleichzeitiger Konzentration der Wahrnehmung auf körperliche Vorgänge;
- mentale, oft bildhafte Vorstellungen zur Unterstützung (siehe z. B. Seiten 49, 115, 140).

In vielen Entspannungsverfahren werden zudem noch Formeln benutzt, um innere Gelassenheit zu ermöglichen bzw. um Affekte zu dämpfen (z. B. die erweiterte Formel im Autogenen Training: „Ich bin angenehm ruhig, gelöst und entspannt").

Kann Entspannung auch negative Folgen haben?

Bei allen Entspannungsverfahren spielt neben der Entspannungsinduktion die Rücknahme, die erneute Dynamisierung*, eine wichtige Rolle. Jeder Lehrer kennt die negativen Folgen des „Lehrer-Mittagsschlafes": Bei sehr großer vorhergehender Anspannung kann eine tiefe Entspannung zu starkem Blutdruckabfall mit entsprechenden Folgeerscheinungen (Kopfschmerzen, Schwindel o. Ä.) führen (vgl. Stressmechanismus S. 20 ff.). Der Nachmittag ist dann für konzentrierte Arbeit nicht mehr zu gebrauchen.

Dagegen sind kurzfristiger Blutdruckabfall, Magenknurren, ein leichtes Vibrieren oder Zucken in einzelnen Muskelpartien, erhöhter Speichelfluss u. Ä. die leicht wahrnehmbaren Symptome einer beginnenden Entspannung und deshalb „erfreuliche" Signale. Gleichwohl können diese Symptome irritieren. Sie verschwinden jedoch schnell, wenn der Körper auf regelmäßige und kurze Entspannungsphasen eintrainiert wird. Täglich zehn Minuten „Kurzschlaf" haben somit nicht nur einen viel höheren Effekt, sondern auch weniger unangenehme Folgen als der einstündige „Erschöpfungsschlaf" am Freitagnachmittag.

Grundsätze für das Üben
- **Kurz:** Beginnen Sie mit sehr kurzen Entspannungsübungen (1/2 – max. 2 Minuten). Trainieren Sie Ihre innere Uhr darauf, dass Entspannung schnell einzusetzen hat!

Führen Sie erwünschte längere Regenerationsphasen im Anschluss an die „MINIS" erst dann ein, wenn Sie das „Umschalten" sicher und in kurzer Zeit beherrschen (nach mindestens zweiwöchiger Übungszeit).

- **Oft:** Steigern Sie nur die Anzahl ihrer Kurzübungen (3-5x) am Tag, nicht aber die Übungszeit. Üben Sie „kurz und oft" – je weiter Sie die Übungsphase ausdehnen, desto mehr gewöhnt sich Ihr Körper an diese lange Anlaufphase bis der Entspannungsmechanismus „einrastet".
- **Regelmäßig:** Trainieren Sie regelmäßig zunächst an einem festen Platz/zu fester Zeit (z. B. nach dem Duschen oder während die Kaffeemaschine läuft, nach dem Mittagessen, vor der Tagesschau, o. Ä.)

Und noch etwas:
- Üben Sie nicht „heimlich", sondern kündigen Sie Ihrer Familie an, dass Sie an einem Trainingskurs teilnehmen und täglich ca. zehn Minuten für sich ganz allein beanspruchen.
- Beenden Sie jede Entspannungsübung mit einer Rücknahme (s. u.), so dass Sie wieder bereit sind für Ihre normalen Aktivitäten.

Der Einstieg in die MINIS

Jede Entspannungsübung hat den größten Effekt, wenn sie mit einer willentlichen Entspannung der Grobmuskulatur beginnt, also mit der Entkrampfung von großen Muskelpartien durch Anspannung und Entspannung, was auf sehr unterschiedlichen Wegen (durch Ausschütteln, Gymnastik, Tanzen, ausgiebiges Räkeln, Dehnen und Strecken, Massage usw.) möglich ist. Wichtig ist es dabei, die Blockaden im Schulter-Nacken-Bereich und möglichst auch im Lendenwirbelbereich zu lösen.

Wenn die „Grobarbeit" getan ist, kann die eigentliche „Feinarbeit", mit der ja das unwillkürliche Nervensystem beeinflusst werden soll, noch besser wirken. Sehr bewährte Übungen sind dazu die klassische Progressive Muskelentspannung (L 1) und das „GeSchNackEn" in Verbindung mit ausgiebigem Räkeln (L 3). An Orten, an denen Vorbereitung gar nicht möglich ist, können Sie selbstverständlich Ihre Übungen auch ohne vorherige „Grimassen" und „Verrenkungen" durchführen. Je mehr Sie üben, desto weniger wird übrigens die Grobmuskulatur verspannt sein. Damit verkürzt sich diese „Vorbereitungszeit" automatisch immer mehr...

Die Rücknahme – ein genormter „Ausstieg" aus der Entspannung

Als „Ausstieg" aus den MINIS hat sich eine standardisierte Form der Beendigung bewährt, die aus dem Autogenen Training (AT) stammt. Sie eignet sich zur Rücknahme sehr tiefer Entspannungszustände (sogar der Hypnose) und auch zur Beendigung unserer MINIS sehr gut, da sie mit der leichten Kreislaufanregung wieder zu einer erneuten Dynamisierung führt.

Die Rücknahme geht in drei Schritten vor sich:

- **Arme fest:** Arme strecken/Fäuste ballen und einige Male die Arme angespannt zur Brust hin und wieder wegführen, d. h. den „Kreislauf mit den Armen anpumpen".
- **Tief atmen:** Atmen Sie seufzend aus und holen Sie dann tief Luft. Gähnen Sie ruhig herzhaft.
- **Augen auf:** Öffnen Sie die Augen und bewegen Sie sich. Wenn Sie mögen, können Sie sich genüsslich räkeln wie eine Katze.

Trödeln Sie danach nicht herum, sondern setzen Sie ihre geplanten Aktivitäten fort.

Da Sie ja auch nicht Auto fahren würden, ohne den Vorgang des Anhaltens zu beherrschen, ist es sinnvoll, jetzt gleich diesen Ablauf sorgfältig einzuüben: Sprechen Sie sich folgenden Kurztext:

▶ *„Arme fest, tief atmen, Augen auf!"*

mehrmals vor, so dass er sich als Formel festsetzt. Verändern Sie den vorgegebenen Text dabei nicht und führen Sie dabei die entsprechenden Bewegungen durch.

Können Sie den Entspannungsmechanismus jetzt auch ohne Textvorlage selbständig anhalten? Praktizieren Sie diesen Stopp nach Ihrem Mittagsschlaf und nach allen Entspannungsübungen.

Wie lässt sich der Umschaltprozess am besten erlernen?

Das A und O beim Erlernen des Umschaltens ist das wiederholte und regelmäßige Üben. Diese Übungszeiten werden reich belohnt:

- Sie spüren oft schon bei den ersten Übungen einen Trainingseffekt.
- Auftretende Verspannungszustände können immer schneller wahrgenommen werden.
- Wir sind unseren physiologisch-affektiven Prozessen nicht hilflos ausgeliefert, sondern können selbst wieder Einfluss nehmen und unseren Körper zur Entspannung befähigen.

Falls Sie nicht schon längst „nebenher" mit dem Übungsprogramm begonnen haben, sollten Sie spätestens jetzt mit den Übungen beginnen (siehe Seite 75 ff.) und den nachfolgenden Exkurs für etwas später aufheben. Im Exkurs werden zwei eigenständige, breit erprobte Entspannungsverfahren dargestellt, auf denen viele im pädagogischen Bereich gut einsetzbare Methoden und Übungen (z. B. Phantasiereisen und Imaginationsübungen) aufbauen.

Exkurs: Progressive Muskelentspannung (PME) und Autogenes Training (AT)

Möglichkeiten und Grenzen beider Verfahren – Wissenswertes für die Selbstentspannung

Bei vielen Entspannungsübungen gibt es ein Dilemma: Sich selbst eine Entspannungsinstruktion zu geben (oder einer Instruktion zu lauschen) ist ein Akt geistiger Anspannung. Es gibt viele Personen, bei denen eben diese Anspannung verhindert, dass sich der angestrebte Entspannungszustand einstellt. Ein Verfahren, das dieses Dilemma umgeht und das relativ einfach zu beherrschen ist, ist die Progressive Muskelentspannung.

Bei der Progressiven Muskelentspannung werden die Muskeln zunächst angespannt, dann entspannt. Die so erzielte Senkung des Muskeltonus* hilft, in den Zustand der Entspannung hineinzugleiten. Die Progressive Muskelentspannung wurde 1938 von dem Amerikaner Edmund Jacobsson entwickelt. Sie heißt progressiv, weil fortschreitend ein Muskel nach dem anderen entspannt wird. Die Senkung des Muskeltonus hilft, psychische Entspannung zu finden. Daher zeigt die Progressive Muskelentspannung oft auch bei Personen eine Entspannungswirkung, die mit anderen Entspannungstechniken erfolglos geblieben sind.

Das Autogene Training (= Konzentrative Selbstentspannung) wurde in den zwanziger Jahren von Johann H. Schultz primär für den klinischen Bereich entwickelt. Es gehört aber – wie PME – inzwischen ebenfalls zum Standardangebot vieler Bildungsinstitutionen. Ausschlaggebend sind dafür die gute Durchführbarkeit, die sehr kurzfristig zu erzielenden Übungserfolge sowie die Effekte auf die Persönlichkeitsentwicklung und das Stressverhalten.

Beim AT wird ganz bewusst auf eine willentliche Anstrengung verzichtet. Der „Trick" zum Umschalten des vegetativen Nervensystems von Anspannung auf Entspannung besteht im „Geschehenlassen", „Nachspüren" und „Zulassen". Dabei können auch autosuggestive* Verstärkungen benutzt und personspezifische „Eigenprogramme" (u. a. auch zur Umstellung einer eigenen inneren Haltung) entwickelt werden.

Bei PME wird dagegen stärker mit Fremdanleitung gearbeitet und auf Autosuggestion verzichtet. Hier wird mit gezieltem „Machen" der gewünschte Erfolg erreicht. PME entspricht stärker unseren kulturellen Normen (Leistungsorientierung, Beherrschung aller Körperfunktionen durch den Willen) und ist schneller zu erlernen. Der Transfer in den beruflichen Alltag ist aber etwas schwieriger.

Die Wirksamkeit beider Verfahren ist vielfach empirisch untersucht worden. Beide Verfahren ermöglichen ein weitgehendes Umschalten von Anspannung zu Entspannung und Regeneration und werden deswegen zur Heilbehandlung eingesetzt. In verkürzter Form werden sie inzwischen auch als effektive Stress-Prävention in der Lehrerfortbildung angeboten. Beide Trainings erfordern je nach Umfang fünf bis zehn Kurssitzungen und eine mindestens halbjährige „Einschleifphase" (wie beim Erlernen des Autofahrens). Die Teilnehmer werden darin unterrichtet, ihre Aufmerksamkeit auf bestimmte Körperwahrnehmungen zu richten und Körperprozesse selbständig zu beeinflussen.

In neueren AT-Kursen wird PME häufig zur vorhergehenden groben Muskelentspannung (gelegentlich im Wechsel mit anderen Lockerungsübungen aus Yoga, TaiChi usw.) angewendet, so dass AT dann auf dem erreichten Entspannungserleben aufbauen und sofort zur Vertiefung eingesetzt werden kann. Ähnlich ist auch das in diesem Buch vorgestellte Trainingsmanual aufgebaut.

Bitte beachten Sie beim Erlernen von AT folgende Punkte:
• Verwenden Sie zum Erlernen des Autogenen Trainings niemals Tonbandkassetten, auf denen Anweisungen vorgesprochen werden. Diese Kassetten machen Sie abhängig von der vorgegebenen Instruktion und behindern das

erwünschte autosuggestive Lernen, das auf Ihre persönliche Situation zugeschnitten ist.

Falls Sie gern Entspannungsanleitungen über Medien nutzen möchten, dann wählen Sie eine andere Methode aus (Entspannung mit Unterstützung durch Musik, gelenkte Phantasiereisen, angeleitete Meditationsübungen o. Ä.). Das kann zum Beispiel sehr hilfreich sein, wenn Sie sich außerhalb der Trainingssituation Regenerationsphasen gönnen möchten.

- Da durch AT das ansonsten nicht willkürlich steuerbare vegetative Nervensystem sehr weitgehend beeinflusst wird, müssen bei der Durchführung einige wichtige Dinge beachtet werden. Es ist daher dringend zu empfehlen, diese Technik unter qualifizierter Anleitung zu erlernen.

Die ersten drei Grundübungen der Unterstufe, die für die Prävention in der Regel ausreichen, kann jeder nach ca. fünf Sitzungen sicher beherrschen. Das Erlernen der gesamten Grundstufe erfordert ca. zehn Sitzungen. Sofern die „Hausaufgaben" gemacht werden, stellt sich das autonome Nervensystem schon nach wenigen Tagen auf eigene Signale zur Entspannung um, so dass sich anschließend die Gehirnströme auf eine langsame Wellenlänge (Alpha-Zustand) einpendeln und viele Stoffwechselprozesse sich automatisch dem neuen Ruhetonus anpassen können. Diese Übungen wirken quasi als „Breitbandtherapeutikum". Man kann sie sich gut langfristig merken, und sie ermöglichen dann auch in Belastungssituationen blitzschnelle Wiederherstellung des körperlich-seelischen Gleichgewichts.

Eine wissenschaftliche Untersuchung belegt die Wirkung des AT sehr eindrucksvoll: Sie konnte „in einer über sechs Monate laufenden Studie bei 22 Chirurgen nachweisen, dass das Autogene Training bei der Reduktion der Stress- und Angstreaktionen in dieser Berufsgruppe ebenso effektiv ist wie der Einsatz von Betablockern." (LABHARD 1982, zit. in KRAMPEN 1992: S. 93)[8]

Autogenes Training (AT) und Phantasiereisen in der Schule – Möglichkeiten und Grenzen in den unterschiedlichen Schulstufen

Während Anspannungs-/Entspannungsübungen, die auf PME aufbauen, in vielen Schulen geläufig sind und nach eigener kurzer Erfahrung leicht selbst angeleitet werden können, ist die Anwendung von AT oder den daraus abgeleiteten Übungen wie Imaginationen oder Phantasiereisen noch nicht allen Lehrern vertraut, und die spezifischen Wirkungen sind in den meisten Kollegien auch nicht bekannt.

Das Autogene Training kann bei SchülerInnen aller Altersstufen zur Behebung von Lern- und Leistungsstörungen (Konzentrationsstörungen, Black-out, Leistungsversagen), bei Auftreten von bestimmten psychosomatischen Reaktionen (Kopfschmerz/Erbrechen bei Anforderungen, Magen und Bauchschmerzen, Kreislaufstörungen) oder bei spezifischen Auffälligkeiten (Unruhe, Zappeligkeit, Vergesslichkeit, Trödeln, Schüchternheit, Ängstlichkeit, Sprachstörungen usw.) angewendet werden, wobei die Behandlung von Störungsbildern Aufgabe speziell dafür weitergebildeter Ärzte oder Psychologen ist. Die Durchführung einer vereinfachten Form im Unterricht mit dem Ziel, entspannteres Lernen zu ermöglichen, überschreitet dagegen keineswegs die Rolle des Lehrers und ist pädagogisch sehr sinnvoll. Dies erfordert aber einige methodische und didaktische Kenntnisse.

Auch Schüler können lernen, einige Körpervorgänge selbst zu beeinflussen und später durch persönlich bedeutsame Autosuggestionen Einfluss auf ihre Einstellungen und Gefühle zu nehmen.

In zahlreichen empirischen Untersuchungen (nach Durchführung eines Trainings in AT) sind der Abbau von Ängsten und die allgemeine Verbesserung des Lern- und Leistungsverhaltens sowie Verbesserungen des Immunsystems (KRAMPEN 1992/HOFFMANN 1997) durch den Einsatz von AT in der Schule nachgewiesen. So konnten z. B., wie es bei Krampen (1992: S. 96) heißt, experimentell „spezifische kurzfristige Leistungsverbesserungen durch die Anwendung der drei Grundübungen des Autogenen Trainings nach der

Niederschrift von Klassenarbeiten im Fach Deutsch bei Hauptschülern der 5. bis 7. Klasse nachgewiesen werden. Im Kontrollgruppenvergleich zeigten sich nicht nur weniger Diktatfehler und bessere Noten bei den Schülern, die die AT-Grundübungen realisierten, sondern vor allem auch eine markante Zunahme in den richtigen Selbstkorrekturen und eine deutliche Abnahme in den falschen Selbstkorrekturen, die nach der Diktat-Niederschrift und nach einer kurzen AT-Übung vorgenommen wurden."

Selbst wenn solche großen Erfolge bei nur gelegentlichem Einsatz der für den Unterricht abgewandelten Übungen nicht zu erwarten sind, ist doch die Richtung deutlich. Andererseits lassen sich solche Ergebnisse natürlich noch verstärken, wenn die Übungen eingebettet sind in ein Ensemble unterschiedlichster Maßnahmen zum Stressabbau in der Schule.

Sowohl PME als auch die ersten Übungen der AT-Unterstufe (Ruhe, Schwere, Wärme, Atmung) lassen sich in der Schule (besonders gut in der Grundschule) in spielerischer Trainingsform als Bewegungs-/Entspannungsübungen vor den einzelnen Lernphasen oder „verpackt" in Imaginationsübungen/Phantasiereisen sogar direkt zur Vorbereitung eines Unterrichtsinhaltes einsetzen. (Vgl. Seiten 136, 147, 148 f.)

In der Mittelstufe (Pubertät) ist das Erlernen von AT/PME und anderen körperbezogenen Methoden aufgrund der massiven Veränderung im eigenen Körperbild der SchülerInnen erschwert und stößt bei vielen Jugendlichen in dieser Lebensphase häufig auf Ablehnung, sofern sie nicht schon vorher positive Erfahrungen mit Entspannungsmethoden gemacht haben. Auch wenn der Klassenverband in dieser Zeit oft nicht der optimale Rahmen ist, so sollten Sie es dennoch vorsichtig auch in Ihrer Klasse versuchen – ggf. kann sich eine Arbeitsgemeinschaft als günstig erweisen.

In der Oberstufe werden AT-Übungen meist dann gut angenommen, wenn die Betonung auf dem konzentrationsfördernden/leistungssteigernden Aspekt liegt. Durch eine Beschreibung der möglichen Trainingseffekte kann auch bei sehr fachbezogenen Schülern die Neugier geweckt werden. Hier ist es sinnvoll, den Schülern empirische Ergebnisse mitzuteilen. So beschreibt z. B. HOFFMANN u. a. folgende Wirkungen bei der Durchführung des AT mit Schülern/Studenten eindrucksvoll (diese Ergebnisse beziehen sich auf ein durchgängiges Training):

1. Zunahme der Konzentrationsfähigkeit und Abbau von Ängsten (z. B. vor Leistungssituationen/Prüfungen);
2. punktuelle Leistungssteigerung (z. B. bei sportlichen Leistungen, Prüfungssituationen) durch Optimierung der Ausnutzung von Erholungs- und Ruhepausen sowie durch Abbau der Nervosität (mentales Lösen der Erwartungsängste);
3. Verringerung des schulischen Belastungserlebens und Stärkung des Gefühls der eigenen Leistungsfähigkeit;
4. Verbesserung der Lernstrategien und -gewohnheiten, erhöhte Leistungsmotivation und Selbstdisziplin durch autosuggestive Formeln und verbesserte Konzentration;
5. allgemein emotional stabilisierende Wirkung (Einflussnahme auf die Affekte und damit einhergehend bessere Fähigkeit im Umgang mit Belastungssituationen);
6. Abschwächung psychosomatischer Belastungsreaktionen aufgrund schulischer Anforderungen (wie z. B. Bauchschmerzen, Erbrechen, Kopfschmerzen usw.).

In der Unterrichtszeit ist ein kompletter Trainingskurs für Schüler nicht möglich (höchstens als Arbeitsgemeinschaft bei Vorlage einer Kursleiter-Befähigung und der Erlaubnis der Erziehungspersonen); die abgewandelten Grundübungen der Unterstufe lassen sich jedoch ohne spezielle Qualifizierung oder Genehmigung im pädagogischen Feld anwenden (siehe nachfolgende Hinweise). Sie sind als Hilfen zur Sammlung und Konzentrationssteigerung im Unterricht sehr verbreitet.

Es gibt für die auf Grundlage des AT entwickelten Imaginationen (hier: spontane selbstentwickelte „innere" Bilder) und auch für Phantasiereisen umfangreiche Literatur und in den meisten Kollegien auch schon langjährige Erfahrungen. Nach einiger Übung ist es nicht schwer, solche Phantasiereisen in Bezug auf die Klassensituation und den eigenen Unterrichtsstoff selbst zu entwickeln. Es ist dabei sinnvoll, sich auf eigene Erfahrung mit AT bzw. mit den angebotenen Übungen zu stützen und die Möglichkeiten und Grenzen bei der Umsetzung für die Schule zunächst unter Anleitung zu reflektieren.

Die Einführung von Entspannungsmethoden im Unterricht – Methodische Hinweise

- Mit dem Begriff „Entspannungsübung" können vor allem jüngere Schüler nichts anfangen. Erläutern Sie den Schülern in einfacher Sprache, woran sie „Stress" wahrnehmen können und wie er ihre Gesundheit und ihre schulischen Leistungen beeinflussen kann. Dabei brauchen Sie den Begriff „Stress" nicht unbedingt zu verwenden. Für die Grundschule/Orientierungsstufe eignen sich z. B. Einführungen wie: „Wir wollen jetzt etwas machen, was uns gut tut/was uns mehr Energie gibt/womit wir uns sammeln, damit wir besser arbeiten können."

- Fragen Sie auch in der Oberstufe die SchülerInnen nicht, ob Sie in der Klasse Entspannungsübungen durchführen „dürfen", sondern teilen Sie ihnen mit, dass Sie im Unterricht Angebote machen werden, verschiedene Hilfsmittel zum Abbau von Verspannungen und innerer Unruhe und zum „Verschnaufen" auszuprobieren. Sie können hier aber auch gut auf eigene Erfahrungen verweisen. („Ich habe in einem Kurs für Lehrer vor einiger Zeit etwas gelernt, das mir selbst wirklich viel geholfen hat. Ich finde, das sollten auch Schüler schon kennenlernen. Damit ihr bei der Arbeit lockerer sein könnt, werde ich jetzt...")

- Verdeutlichen Sie den Schülern die Bedeutung von minimalen Entspannungspausen, indem Sie ihnen einerseits die persönliche Erfahrung ermöglichen, aber auch dadurch, dass Sie ihnen die Wirkung und den Nutzen erläutern.

- Falls Sie Einwände von Eltern befürchten, denen neue Unterrichtsmethoden eventuell suspekt sind, sollten Sie ihnen den Sinn dieser Übungen auf einem Elternabend oder per Elternbrief erklären. (Informieren Sie auch Ihren Fachbereichsleiter und Ihre Schulleitung, falls Sie mit Ablehnung rechnen – das erspart Ihnen möglicherweise viel Stress...)

1. Erläutern Sie den Eltern, dass es einen konkreten Anlass gibt, weshalb Sie solche Übungen einführen möchten. Schildern Sie Ihre eigenen konkreten Beobachtungen von Stress-Symptomen in dieser Klasse (z. B. Zappeligkeit, Unkonzentriertheit, Aggressivität, Klagen über Übelkeit, Kopf- und Bauchschmerzen, nervöses Muskelzucken z. B. in Augenlidern oder im Gesicht, hohe Infektanfälligkeit, ständiger Zuckerbedarf/hoher Süßigkeitenkonsum).

2. Erläutern Sie den Eltern die schulischen Auswirkungen der Unfähigkeit, sich zu sammeln.

3. Verdeutlichen Sie den Eltern, dass Sie spezielle Entspannungsübungen für den Unterricht benutzen und dass es damit schon langjährige Erfahrungen gibt.

4. Sprechen Sie auch aus, dass das natürlich in der Einführungsphase auch auf Kosten der Unterrichtszeit geht, dass aber auf diese Weise langfristig viel effektiver gearbeitet werden kann.

5. Regen Sie die Eltern zum Mitmachen an. So können Sie z. B. auf einem Elternabend als „Experiment" eine gemeinsame Atemübung durchführen und so die Eltern die entspannende Wirkung an sich selbst erfahren lassen. Gewinnen Sie die Eltern als Bündnispartner im Bemühen um entspanntes Lernen ihrer Kinder.

   Sie können die Eltern aber auch über eine persönliche Identifikation mit Ihnen einbinden – das geht häufig viel einfacher als über viel Theorie. Erzählen Sie ihnen doch einfach, wie gut Ihnen ein Yoga-Kurs, die letzte Lehrerfortbildung in Entspannung, der MINI-Kurs o. Ä. selbst getan hat, wie viel mehr innere Balance Sie selbst gewinnen konnten. Oftmals ist eine persönliche Mitteilung glaubwürdiger als theoretische Erklärungen.

- Wenn Sie selbst angespannt und unruhig sind, können Sie nur begrenzt Entspannung bei den Schülern bewirken. Sorgen Sie für Ihre eigene Ausgeglichenheit. Stellen

Sie vor den Übungen eine entspannte Atmosphäre her und schalten Sie Störungen so weit wie möglich aus.

- Es erleichtert den Entspannungsprozess, wenn Zeitpunkt, Ort und Vorgehensweise (Einstieg über Verstärkung der Anspannung, dann Entspannung, dann Rücknahme) ritualisiert sind. Dadurch ist der Rahmen für die SchülerInnen klar, und sie können sich leichter auf die speziellen Techniken einlassen.

- Bewahren Sie bei allen Entspannungübungen den Angebotscharakter, das spielerische Ausprobieren und machen Sie Entspannung nicht zu einer neuen „Leistung".

- Aus großer seelischer Anspannung heraus lassen sich Entspannungsübungen/Phantasiereisen schwer durchführen. Kommen Sie daher immer von der Bewegung zur Ruhe. Sie können z. B. erst eine kleine Anspannungsübung (Muskeln anspannen/entspannen) anleiten, ehe die Schüler sich auf die eigene Entspannung einstellen.

- Setzen Sie (nachdem Sie die Schüler vorher in einer Einführungsphase schon mit einzelnen Übungen und den entsprechenden Verhaltensregeln vertraut gemacht haben) die ersten Übungen als Belohnung für vorhergehendes aufmerksames Mitarbeiten ein und nutzen Sie sie erst sehr viel später zur gezielten Konzentrationsförderung.

- Beziehen Sie die SchülerInnen erst dann in die Anleitung der dafür geeigneten Übungen mit ein, wenn Sie sicher sind, dass alle sich gut auf die Übungen einlassen können.

- Überschwemmen Sie die SchülerInnen nicht mit immer neuen Übungen, sondern greifen Sie auf Bekanntes und Beliebtes zurück. Auch hier gilt: die „Ritualisierung" verstärkt den Effekt.

- Beenden Sie unbedingt jede Entspannungsübung mit ausreichender „Rücknahme" (Arme fest – tief atmen – Augen auf; vgl. Seite 58), so dass die Schüler nicht im „Entspannungsloch" bleiben.

- Wenn den Schülern der Gebrauch dieser Übungen vertraut ist, fassen Sie ruhig den Mut, bei zu großer Quirligkeit in der Klasse sofort ganz kurz die Situation zu unterbrechen, indem Sie eine im Sitzen vollzogene Entspannung einschieben (z. B. Horchen auf den eigenen Atem, auf die Außengeräusche, ggf. eine kurze innere Betrachtung eines Baumes, einer Blume; dann Lenkung der Wahrnehmung zurück in die Gegenwart, Rücknahme).

Statt fünf Minuten Meckerei lieber fünf Minuten Entspannung. Die Wirkung ist enorm...

Was ist bei Übungen mit Elementen aus PME/AT und bei Phantasiereisen zusätzlich zu beachten?

- Sprechen Sie alle Anleitungen mit ruhiger, aber normaler Stimme. Eine betont getragene, „pastorale" Stimme ist zur Phantasieanregung unnötig.

- Beginnen Sie mit kleineren Bewegungsübungen, die mit Vorstellungsbildern (Imaginationen) arbeiten, ehe Sie ganze Phantasiereisen durchführen (z. B.: Bewegen wie Blumen im Wind, Buckeln wie Katzen, Äpfel vom Baum pflücken, Körper strecken und fallenlassen wie eine Marionette am Faden o. Ä.).

- Achten Sie auf Sicherheit und Wohlbefinden und lassen Sie genügend Zeit zum Einfühlen in vorgegebene Stimmungsbilder.

- Das Schließen der Augen kann für die Schüler ein Aufgeben von Kontrolle und Sicherheit bedeuten. Sie können das Angebot machen, die Augen zu schließen, aber Sie haben kein Recht, das zu verlangen (Alternative: Ellenbogen auf dem Tisch aufstützen, Kopf von Händen tragen lassen, auf den eigenen Tisch sehen).

- Das Schließen der Augen ist aber auch die Garantie dafür, nicht beobachtet zu werden. Schützen Sie die Schüler in der Entspannungsphase vor einem Beobachtet-Werden durch Mitschüler. Wenn jemand die Augen selbst nicht schließen mag, muss es die Regel geben, dass der Betreffende andere nicht ansieht, sondern z. B. auf die eigenen Fußspitzen oder Hände blickt.

- Gehen Sie sehr umsichtig vor im Hinblick auf die Phantasien Ihrer Schüler. Sie kennen deren ganz private Erlebnisse nicht. Sie wissen nicht, ob in Ruhe und bei geschlossenen Augen nicht auch sehr negative Erinnerungen hochkommen. Geben Sie daher die deutliche Erlaubnis, jederzeit die Augen öffnen zu dürfen und das innerliche „Mitgehen" zu stoppen, wenn unangenehme Gefühle dabei entstehen sollten. Zeigen Sie den Schülern, dass jede Anspannung in Händen und Füßen (Bewegen der Zehen, Fäuste ballen) die Entspannungsreaktion oder die eigene Phantasiereise sofort unterbricht, so dass jeder über seine eigene „Bremse" verfügt.

- Geben Sie anschließend kurz Gelegenheit zum Austausch und achten Sie dabei darauf, dass individuelle Erlebnisse nicht kritisiert oder lächerlich gemacht werden. Ggf. entstandene Ängste müssen sofort wieder abgebaut werden können.

- Begeistern Sie die meinungsprägende Gruppe in Ihrer Klasse, damit Sie die ganze Klasse gewinnen können. Gerade in dieser ungeschützten Situation müssen sich alle SchülerInnen sicher fühlen – es darf dabei keine Angst Einzelner vor anderen SchülerInnen entstehen. Achten Sie durchgängig darauf, dass die SchülerInnen sich in der Entspannung geborgen fühlen können (evtl. ist sogar die Zusicherung notwendig: „Ich pass' auf Dich auf").

- Benutzen Sie keine Ihnen völlig unbekannten Texte. Wandeln Sie die vorgegebenen Texte so ab, dass sie für Ihre Schüler sprachlich, weltanschaulich und von den Inhalten her „passend" sind. Verwenden Sie keine Bilder, die auf Ihre Schüler beunruhigend wirken können.

- Sie können darauf vertrauen, dass Sie Ihre Schüler besser kennen als die Autoren von Phantasiereisen. Sobald Sie sich sicher genug fühlen, vorgegebene Imaginationen/ Phantasiereisen einzuleiten, probieren Sie ruhig einmal aus, solche Geschichten für Ihre SchülerInnen selbst zu erfinden. Bauen Sie dabei Textteile ein, die auf Sicherheit und Wohlfühlen hinweisen sowie auf ein Zusammensein mit vertrauten Personen und an vertrauten Plätzen.

Schüler mögen in der Regel die für sie selbst erfundenen Geschichten lieber als vorgelesene Phantasiereisen.

- Behalten Sie Ihre Lehrerrolle bei und wahren Sie die Grenze zur „besseren" Mutter, zum Sozialarbeiter und zum Therapeuten, auch wenn Sie im kurzen Austausch über die Phantasien möglicherweise einiges von den privaten Sorgen und Ängsten Ihrer SchülerInnen erfahren.

- Einige Übungen des Autogenen Trainings sind keine Entspannungübungen, die LehrerInnen anleiten dürfen, da sie sehr tiefe Regression* fördern und einzelne Organe gezielt beeinflussen (z. B. Herzübung/plastische Vorstellungsbilder von „Ordnungskräften" im Körper). Diese Übungen gehören nicht in den Unterricht (auch nicht „verpackt" in schülergerechte Phantasiereisen). Sie fallen in den Bereich der Heilbehandlung und erfordern – auch wenn sie im Rahmen von Prävention eingesetzt werden – eine Heilkundezulassung.

- Verwöhnen Sie sich selbst mit Phantasiereisen. Wenn Ihnen der Ausflug in die Phantasie Entspannung bringt, können Sie ihn mit mehr Freude an die Schüler vermitteln... Vielleicht haben Sie auch Lust, sich gemeinsam mit Kollegen kreativ zu betätigen und eigene ganz kurze Phantasiereisen zu schreiben, die für Ihre Unterrichtsstufe angemessen sind.

Das Üben soll immer angenehm bleiben.
Arbeiten Sie mit den Schülern nach dem Motto:
nicht zu tief,
nicht zu ernst,
nicht zu schwer!
Und bleiben auch Sie selbst locker, liebevoll, freundlich, heiter.

Unterstützung der
Entspannung durch Musik

In Grundschulen ist das Lauschen auf Klänge von Gongs und Klangschalen schon weit verbreitet. Einzelne Klänge können auch gut zur Unterstützung von gesprochenen Entspannungsanleitungen verwendet werden, da störende Gedanken dabei leichter „ausgeschaltet" werden. Auch das Summen einzelner Töne hat häufig einen überraschend entspannenden Effekt (vgl. S. 145).

Musik ist ein altbewährtes Mittel zur Entspannung und sogar zur direkten Stimmungsbeeinflussung, sowohl in aktiver Form als auch passiv genossen. Jede Musik, die individuell als entspannend empfunden wird, kann somit als Anker für Entspannung genutzt werden. Besonders geeignet für das Umschalten und für die Erholungsphase ist eine reizarme, langsam schwebende, inhaltlich als Melodie kaum wahrnehmbare Klangfolge. Wichtig ist, dass sie subjektiv als angenehm empfunden wird, so dass sich dabei positiv gefärbte innere Bilder entwickeln können. Dies ist häufig bei klassischer Musik (z. B. Largo-Stücke von Bach, Mozart-Sonate D-Dur, diverse Werke von Corelli, Händel, Telemann und Vivaldi) oder spezieller elektronischer Entspannungsmusik (Kitaro, Zamphir, Horn, Deuter, Vetter u. a.) der Fall. Phantasiereisen und Anleitungen zu Entspannungsverfahren lassen sich gut mit Klanguntermalung einsetzen. Auch dazu gibt es in allen größeren Städten inzwischen ein reichhaltiges Angebot an Kassetten/CDs im Musikhandel oder auf Bestellung (ggf. über das Internet).

Viele KollegInnen wundern sich, dass die elektronische Entspannungsmusik bei jüngeren SchülerInnen nicht so gut „ankommt". Bis zu Beginn der Oberstufe finden die meisten SchülerInnen den Zugang zur Entspannung eher bei klassischer Musik. Faszinierend ist dabei, dass selbst die Kinder, bei denen vom familiären Hintergrund her dafür gar kein Interesse vermutet wird, häufig durch klassische Musik einen besonders guten Zugang zum „Umschalten" finden. Aus einigen Klassen wurde berichtet, dass die „Klassik" allein schon zum Selbstläufer geworden ist, so dass gar nicht mehr viele zusätzliche Übungen angeboten werden mussten...

Den Rhythmus von Ruhe und Aktivität wiederfinden

Wann gibt es Zeiten am Tag, an denen Sie sich selbst eine kurze Entspannung gönnen können? Oder gehören Sie zu den Personen, denen nicht einmal zehn Minuten pro Tag für die eigene Gesundheit „erlaubt" werden?

Legen Sie drei Übungszeiten (3 x 3 Minuten) am Tag fest. Möglicherweise müssen Sie sich dabei klar und deutlich gegen familiäre „Störungen" abgrenzen.

Die reine Vernunft („Ich sollte üben") ist in der Regel (wie die guten Silvestervorsätze) nicht handlungsleitend. Wenn das Zähneputzen z. B. nicht ganz fest zum Ritual des Aufstehens und des Zubettgehens gehörte, würden sich Kinder recht selten die Zähne putzen! Entspannung soll ab sofort zum festen Bestandteil Ihres Lebens werden: Nehmen Sie die Zeiten sowohl zum Einüben des Umschaltens als auch für die Erholungsphasen in Ihre Tagesrituale auf (und wenn es wenigstens der 5-Uhr Tee ist, für den Sie sich fünf Minuten wirkliche Ruhe gönnen).

Niemand wird irgendeine ruhige Minute für mich organisieren. Ich muss selbst dafür sorgen.

Neben kräfteschonenden Unterrichtsmethoden gibt es auch während des Unterrichts einige Möglichkeiten zur Vermeidung überhöhter Anspannung (Einbauen von Unterrichtsunterbrechungen, Gestaltung von Rückzugsorten/Rückzugsphasen, Nutzung der Pausen zur Erholung, Sammlungs- und Bewegungsübungen mit Schülern usw.). Damit Sie sich selbst gezielt während des Unterrichts kurz entspannen oder sich mit den Schülern gemeinsam, z. B. vor Klassenarbeiten, eine richtige Entspannungsphase oder eine Phantasiereise gönnen können, ist es sinnvoll, dass Sie ausreichend eigene Erfahrungen mit diversen Entspannungsmöglichkeiten zunächst außerhalb der Unterrichtszeit sammeln, um einiges davon dann entsprechend modifiziert mit in die Schule zu nehmen. Nur, was von Ihnen selbst als hilfreich und angenehm erfahren wurde, können Sie als ungewohnte neue Methode überzeugend darbieten.

W 8: Meine Tagesleistungskurve
(Reflexion)

Haben Sie einen Überblick über Ihren eigenen Tagesrhythmus? Zeichnen Sie Ihre Tagesleistungskurve mit den Leistungshochs (Zeiten, in denen Sie gut arbeiten können, in denen es „flutscht", in denen Sie konzentriert und produktiv sind) und den verschiedenen Tiefpunkten, an denen Sie weniger konzentriert und unproduktiver arbeiten.

Gute Leistungsfähigkeit											
Schlechte Leistungsfähigkeit											
	6.00	8.00	10.00	12.00	14.00	16.00	18.00	20.00	22.00	24.00	2.00

Welche Möglichkeiten sehen Sie, trotz des vorgegebenen Zeitrahmens für den Unterricht, Ihren persönlichen Rhythmus mit Ihrer Tagesplanung in Einklang zu bringen?
Wann lassen sich am besten drei bis fünf Minuten für das Einüben von MINIS einplanen?

Damit Sie das Umschalten von Anspannung auf Entspannung wieder lernen können, habe ich im Folgenden eine Übungsfolge für ein entspannendes 4-Wochen-Training zusammengestellt, die maximal zehn Minuten täglich beansprucht. Können Sie sich so viel Zeit für die eigene Entspannung gönnen?

Als „Belohnung" für regelmäßiges Üben erhalten Sie dann ab Seite 151 noch einige Anstöße zum Nachdenken über die Freude. Aber zuerst: viel Erfolg beim Üben!

Selbstentspannung
mit MINIS

Ein 4-Wochen-Trainingsprogramm
zum (Wieder-)Erlernen des „Umschaltens"

Auch beim Autofahren überlegen Sie nicht lange, wie Sie bremsen müssen. Jede Handlung, das Bremsen, das Schalten, läuft automatisch ab. Genauso kann das Umschalten auf Erholung ablaufen. Um dies zu lernen, benötigen Sie einige Wochen „Bremsunterricht" – mit dem Vorteil, dass dafür zehn Minuten am Tag ausreichen, dass Sie bequem zu Hause lernen können und damit gleichzeitig Ihre Gesundheit fördern.

Die alten oder neuen „Stopp"-Signale müssen dabei mehrmals am Tag trainiert werden, bis Sie den Umschaltprozess blitzschnell – in einem Atemzug – einleiten können.

Probieren Sie aus, mit welchen Übungen Sie die besten Erfahrungen machen.

Um einen optimalen Effekt in kurzer Zeit zu erreichen, ohne dass Sie sehr viel Zeit dafür aufwenden müssen, ist es empfehlenswert, das nachfolgende Übungs-Programm durchzuführen, das vier Schritte umfasst:

- **Anspannung wahrnehmen**
- **Stressmechanismus stoppen**
- **Verspannungen lösen**
- **sich Erholung gönnen.**

Alle von mir vorgeschlagenen MINIS dienen dabei ausschließlich der Wahrnehmung von Anspannung und dem „Umschalten" auf körperliche Entspannung, womit auch die Lösung der geistig-seelischen Verspannung eingeleitet wird. Erst wenn Sie dieses schnelle Umschalten beherrschen, sollten Sie die Phasen einer bewussten – möglicherweise auch längeren – Erholung anschließen.

Beginnen Sie am besten sofort mit der Durchführung der

ersten Übung und machen Sie sich eine Notiz auf dem Pro-
tokollblatt. (Sie finden es am Ende eines jeden Wochen-
programms.)

Die MINIS für Lehrerinnen und Lehrer (L) im 4-Wochen-Programm:

1. Übungswoche

MINI-Progamm der ersten Woche

- Entspannung durch Wahrnehmen des Kontrastes zwischen Anspannung und Entspannung:
  L 1: Aktive Kurzentspannung durch PME
- Wahrnehmung von Anspannungen durch Imagination:
  W 9: In Eile (Experiment zur Selbstwahrnehmung)
  L 2: Schultern los!
  L 3: „GeSchNackEn"
  Intensivierung a: Ja/Nein/Vielleicht
  Intensivierung b: Schulter-Zeiger
- Protokoll der 1. Woche

Entspannung durch Wahrnehmen des Kontrastes zwischen Anspannung und Entspannung

Die Übungen der ersten Woche dienen dem schnellen Bewusstwerden von muskulären Anspannungen, dem Signal für eine möglicherweise beginnende Stressreaktion. Die ersten Übungen zum Umschalten beziehen sich alle auf die bewusste Beeinflussung der muskulären Verspannungen. Die Fähigkeit zur schnellen Muskelentspannung ist eine sehr gute Grundlage auch für die Anwendung anderer Methoden zum Umschalten von Anspannung auf Entspannung.

Bitte versuchen Sie, die Zeitangaben einzuhalten. Dehnen Sie die MINIS nicht aus! Es geht um das Trainieren des schnellen Umschaltens – die erwünschte Regeneration stellt sich nicht durch Verlängern der Übungen ein, sondern dadurch, dass Sie den Umschaltprozess immer sicherer beherrschen und sich dadurch häufigere Kurzstopps erlauben können.

Im Übungsprogramm der Progressiven Muskelentspannung wird trainiert, nacheinander sechzehn Muskelgruppen anzuspannen und zu entspannen und dabei den Übergang bewusst wahrzunehmen. Für die Schnellentspannung hier eine abgewandelte Kurzübung:

L 1: Aktive Kurzentspannung durch PME
(Progressive Muskelentspannung in Kombination mit Atemkonzentration)

Dauer: 2 Minuten (ohne Wiederholung)

Setzen Sie sich aufrecht und bequem auf einen Stuhl oder in einen Sessel. Schließen Sie die Augen und stellen Sie Ihren „Ist-Zustand" fest: Wie fühlen sich Ihre Muskeln zur Zeit an?
Warm? Schwer? Angespannt?
Konzentrieren Sie sich einige
Sekunden nur auf Ihren Körper.

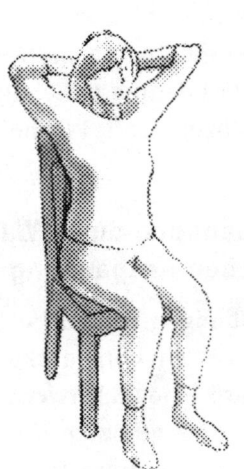

1a Verschränken Sie bitte die Hände hinter dem Hinterkopf.
Pressen Sie Hände und Hinterkopf kräftig gegeneinander und fühlen Sie die Spannung im Nacken und in den Armen. Halten Sie eine Weile so aus.

1b Nun entspannen Sie sich wieder.
Lockern Sie Ihre Muskeln, legen Sie die Hände locker auf die Oberschenkel. Fühlen Sie den Zustand der Erleichterung, wenn die Spannung nachlässt: im Nacken, in den Armen.

Entspannungs-Refrain: Achten Sie nun darauf, wie Ihre Muskeln sich anfühlen und nehmen Sie wahr, wie Sie auch innerlich immer ruhiger werden, wenn die Spannung in den Muskeln nachlässt.
Atmen Sie ganz ruhig und gleichmäßig tief ein und langsam aus. Lassen Sie mit jedem Ausatmen weiter Spannung aus Ihren Muskeln weichen.

2a Beginn wie oben (Hände-Hinterkopf-Nacken-Arme), dann: Heben Sie nun auch die Beine an und versuchen Sie die Beine so hoch zu heben, wie Sie können.

Vermeiden Sie ein Hohlkreuz, indem Sie die Gesäßmuskeln dabei anspannen. Heben Sie die Beine noch etwas höher und richten Sie die Fußspitzen (Hacken durchdrücken) zum Körper. Halten Sie eine Weile so aus.

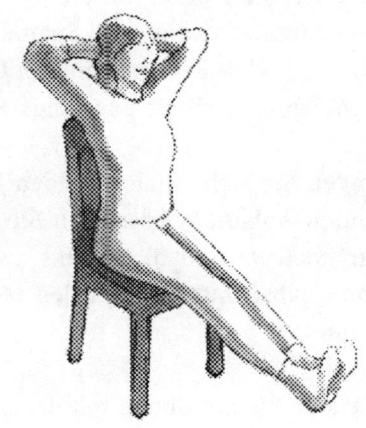

2b Nun entspannen Sie sich wieder. Lockern Sie Ihre Muskeln, legen Sie die Hände locker auf die Oberschenkel. Fühlen Sie den Zustand der Erleichterung, wenn die Spannung nachlässt – im Nacken, in den Armen, in den Oberschenkeln, in den Waden.
(Zum Abschluss: Entspannungs-Refrain wie oben.)

3a Beginn wie oben (Hände-Hinterkopf-Nacken-Arme-Beine-Fußspitzen), dann:
...und kneifen Sie kräftig Augen und Kiefer zusammen, so dass Ihr Gesicht vollkommen angespannt wird.

3b Nun entspannen Sie sich wieder. Lockern Sie Ihre Muskeln, legen Sie die Hände locker auf die Oberschenkel. Fühlen Sie den Zustand der Erleichterung, wenn die Spannung nachlässt – im Nacken, in den Armen, in den Beinen – und im Gesicht.
(Zum Abschluss: Entspannungs-Refrain wie oben.)

Prägen Sie sich zunächst jeden Übungsteil einzeln ein, dann den gesamten Ablauf. Wiederholen Sie zu Beginn die gesamte Übung (später nur noch 3a und b) ein- bis zweimal und genießen Sie nach jedem Übungsabschnitt bewusst den Moment der äußeren und inneren Entspannung.

Beenden Sie die Übung mit der „Rücknahme": Arme fest – tief atmen – Augen auf (s. S. 58).

Führen Sie diese Übung am ersten Tag mehrmals in je zwei bis drei Durchgängen aus, bis Sie sie ganz sicher beherrschen. Vergleichen Sie anschließend wieder mit der Textvorgabe. Gehen Sie bitte erst dann im Programm weiter, wenn Sie über die Abfolge nicht mehr nachdenken müssen (am 2. oder 3. Tag).
Praktizieren Sie dann diese Übung (zusätzlich zu den anderen) mindestens zweimal täglich, z. B. zu Beginn und am Ende Ihrer häuslichen Schreibtischarbeit und führen Sie darüber Protokoll (Vordruck S. 92).

Wahrnehmung von Anspannungen durch Imagination (Selbstexperiment)

Wie schnell nehmen Sie wahr, dass Sie sich verspannen und dass eine Gegenreaktion nötig wäre? Um ein deutlicheres Bewusstsein für die körperlichen Auswirkungen Ihrer eigenen Anspannung im Schulalltag zu bekommen, können Sie das folgende kurze Selbstexperiment allein oder mit einem Kollegen/einer Kollegin ausprobieren:

W 9: In Eile
(Experiment zur Selbstwahrnehmung)

Dauer: 2-3 Minuten

Dies ist keine Entspannungsübung aus dem Trainingsprogramm, sondern ein kleines Selbstexperiment, das Ihnen die Notwendigkeit der nachfolgenden Übung L 2 verdeutlichen soll:

Stellen Sie sich so hin, dass Sie viel Platz um sich herum haben. Schließen Sie die Augen und versetzen Sie sich in Ihrer Vorstellung in einen hektischen, sehr anstrengenden Arbeitstag. Sie können mit der Vorstellung beginnen, dass Sie früh morgens schon verspätet aufgestanden sind, der Schlüsselbund nicht an seinem Platz war, Sie in Eile zur Schule fahren mussten. Dort treffen Sie dann auf mehrere „typische" Störungen und eine Häufung von Anforderungen, so dass Sie schnell sehr angespannt sind. Malen Sie sich diese Situation möglichst konkret mit allen Sinnen aus.

Falls Sie jemanden zum begleitenden Vorsprechen haben, könnte der Text evtl. folgendermaßen lauten:

„Ich erinnere mich an den Beginn eines sehr hektischen Tages. Alles muss sehr schnell gehen. Ich bin viel zu spät aufgestanden und habe kaum noch Zeit zum Frühstücken. Und wieder suche ich mein Schlüsselbund... Ich muss mich sehr beeilen... Das Auto macht aber merkwürdige Geräusche. Ich muss unbedingt diese Woche noch in die Werkstatt... Da ist meine Schule - natürlich kein Parkplatz, und ich muss noch kopieren. Am Kopierer wie üblich eine Warteschlange. Warum gibt es auch kein Zweitgerät? Da hab ich umsonst den ganzen Abend Arbeitsblätter hergestellt - jetzt ist wieder Improvisation angesagt, und ich habe nicht mal einen Tageslichtschreiber in der Klasse... So ein Mist!... Wo ist denn bloß das Klassenbuch? Nie ist es an Ort und Stelle... Und meine Tasche ist heute auch wieder besonders schwer - gerade heute, wenn ich wieder jede Stunde den Raum wechseln muss... Was ist da für ein Krach in meiner Klasse?... Der Tag fängt ja gut an. Und nach sechs Stunden Unterricht gibt es anschließend eine Konferenz. Mir graut jetzt schon vor den Klassenarbeiten, die heute abend auf dem Schreibtisch auf mich warten..." usw.

Nehmen Sie nun bewusst wahr, welche Körperhaltung Sie bei der Vorstellung eines solchen Arbeitsbeginns einnehmen. Lassen Sie Ihre Bewegung „einfrieren", als würden Sie gerade einen Film anhalten. Machen Sie eine Bestandsaufnahme: Wo spüren Sie im Körper Ihren Ärger, Ihre Anspannungen? Wie fühlen sich Gesicht, Schultern, Nacken und Rücken an?

Stehen Sie locker oder sehr steif, stehen Sie mit hochgezogenen Schultern und durchgedrücktem Kreuz oder in ganz unverkrampfter Haltung?

Wie atmen Sie zur Zeit: schnell/langsam, kurz/lang, flach/tief?

Verstärken Sie Ihr Atemmuster und Ihre Körperhaltung und übertreiben Sie dabei. Bemerken Sie jetzt irgendwo zusätzliche Anspannung?

Lockern Sie Ihre Haltung durch Ausschütteln und wiederholen Sie die angespannte Haltung und die Lockerung noch einmal... Genießen Sie bewusst einen Augenblick die daraufhin einsetzende Entspannung...

Auf dieser Selbstwahrnehmung baut die nachfolgende Übung auf, die Sie zusätzlich zu L 1 die ganze erste Woche mehrmals täglich zu Hause und in der Schule anwenden sollten:

L 2: Schultern los!
(Übung zur Sensibilisierung der Körperwahrnehmung)

Dauer: 2 Sekunden (wirklich!)

Achten Sie in der ganzen nächsten Schulwoche bewusst darauf, wann Sie in der Schule beim Gehen, beim An-die-Tafel-Schreiben und Vortragen, beim Sitzen am Pult die Schultern angezogen haben und wann Sie sonst unnötig Energie für muskuläre Anspannung aufwenden.

Verstärken Sie diese Anspannung jetzt bewusst noch ein ganz klein wenig und lockern Sie dann gleich Ihre Schultern durch einfaches Fallenlassen. Sie können dabei Ihre gute Haltung ruhig beibehalten: Die Schultern sollen nach unten (nicht nach vorn) fallengelassen werden.

Variation: (20 Sekunden)

Führen Sie diese Übung auch auf Stühlen, Sesseln, Hockern aus, indem Sie beide Fußsohlen auf die Erde stellen (ungefähr schulterbreit auseinander), einen sicheren Sitz einnehmen und die Schultern anspannen und entspannen. Konzentrieren Sie sich darauf nachzuspüren, wie Sie auf dem Stuhl aufsitzen, wie der Stuhl Sie trägt.

Während Sie mit jedem Ausatmen wahrnehmen, wie sich ihre Schultermuskulatur weiter entspannt, überlassen Sie sich gleichzeitig der tragenden Kraft Ihres Stuhles.

Fast alle Lehrer haben aufgrund permanenter Anforderungssituationen und durch ungünstige Sitzhaltung Verspannungen im Schulter-Nacken-Bereich (wie viele andere „Schreibtisch-Arbeiter" auch). Diese Verspannung blockiert jedoch die umfassende Entspannung des Körpers. Für jede Art von Entspannungsverfahren ist daher die Lockerung des Schulter-Nacken-Bereiches eine absolut notwendige Vorübung.

Wenn Sie spüren, dass sich Ihre Verspannungen immer wieder in diesem Bereich äußern, ist das kein Grund zu einer ärgerlichen Reaktion mit dem schuldbewussten Gedanken „Verdammt noch mal, jetzt sind die schon wieder verkrampft. Jetzt müssen sie aber endlich runterfallen: Zack!" Sehr viel hilfreicher ist es, sich selbst sanft zu sagen: „Ach, da bin ich doch wieder die/der Alte. Jetzt will ich es einmal ein bisschen anders probieren." Und nun können Sie die Schultern bewusst noch etwas mehr anspannen und sie dann behutsam und langsam lösen und locker hängen lassen.

Es geht bei dieser Übung nicht um Kontrolle oder Fehlerkorrektur, sondern um ein liebevolles Wahrnehmen des Körpers. Es gibt ja immer einen Grund dafür, dass Sie sich verspannen. Vielleicht ist gerade der Schulter-Nacken-Bereich der letzte Zufluchtsort für Ihre Sorgen, für Ihren Ärger, bevor Sie explodieren oder bevor innere Organe geschädigt werden. Eine körperliche Verspannung ist eine natürliche Reaktion auf eine Belastung. Daher ist es viel hilfreicher, die Verspannungen als Mitteilung Ihres Körpers, als nonverbalen Appell zu verstehen: „Gönn dir und deinem ganzen Organismus etwas Aufmerksamkeit!"

Wenn Sie sich nach vorhergehender starker Anspannung mit diesen ersten beiden Übungen (L 1 und L 2) schon etwas entspannt haben, kann es geschehen, dass Sie Ihre Nervosität, Ihre Erschöpfung noch viel stärker empfinden, weil Sie sie jetzt auch körperlich deutlicher wahrnehmen. Das ist ein ganz normaler Effekt. Es gibt keinen Grund, sich jetzt Vorwürfe zu machen. Schließlich sind Sie ja gerade dabei, etwas Wesentliches in Ihrem Leben zu ändern, und Ihr Körper „antwortet" darauf und gibt Ihnen zu verstehen, dass es auch allerhöchste Zeit dafür ist. Spüren Sie dann dieser Anspannung freundlich nach, sozusagen mit einem „inneren Lächeln", und gehen Sie in Ihrem Übungsprogramm weiter. Verstärken Sie dabei immer eine wahrgenommene Anspannung noch ein wenig, bevor Sie die betroffenen Muskeln wieder entspannen.

Jede dieser MINI-Entspannungen lädt Sie dazu ein, sich selbst wieder „liebevoll" anzunehmen. Sie können dabei mit den eigenen fürsorglichen Anteilen wieder besser in Kontakt kommen, auch dann, wenn Sie gestresst und geplagt sind.

Beide Übungen können gut mit der folgenden Entkrampfung der beruflich bedingten Verspannung der Gesichtsmuskulatur kombiniert werden.

L 3: „GeSchNackEn"
(Gesicht-Schultern-Nacken-Entspannung)

Dauer: 1-2 Minuten

Diese MINI ist eine sehr wirkungsvolle Entspannungsübung und stellt in verkürzter Form gleichzeitig den Einstieg in alle weiteren MINIS dar. Ziel ist das Lösen von Verspannungen im „Berufsgesicht" und vor allem an der „Blockade-Stelle" im Schulter-Nacken-Bereich. Durch häufiges Üben wird die Wahrnehmung für diesen „Seismographen" eigener Verspannungen geschärft und eine schnelle Einstellung auf das „Loslassen" gefördert, so dass das „GeSchNackEn" gleichzeitig einen Signalcharakter für das Umschalten auf Entspannung bekommt.

a Entspannen Sie Ihre Gesichtsmuskulatur durch deutliches Grimassen-Schneiden (Stirnrunzeln, Zusammenkneifen der Augen, Naserümpfen, Fallenlassen der Wangen, Kreisenlassen des Mundes usw. Dabei jede einzelne Muskelanspannung immer sofort wieder lockern/entspannen. Auch eine kleine Gesichtsmassage oder ein Abklopfen des Gesichtes ist passend.

b Entkrampfen Sie Ihre Stimmritzen (Seufzen, lautes Gähnen, mit tiefem Kehlkopfton ausatmen) und lösen Sie ihre Zunge vom Gaumen („Zunge liegt locker am Gaumen"). Wie bei der Stimmschulung im Gesangsunterricht können Sie auch „Bla-bla-bla-bla" oder überdeutlich „Blumenwiese-Blumenwiese-Blumenwiese" bei gleichzeitigem Grimasse-Schneiden sprechen.

c Entspannen Sie Ihre Schulter-Nacken-Muskulatur durch mehrmaliges Anspannen/Entspannen (Mindestprogramm: Schultern hochziehen – fallenlassen; falls unbeobachtet: Schultern rollen; evtl. zusätzlich den Kopf leicht nach rechts/links, vorn/hinten bewegen; mit den Armen imaginär brustschwimmen/rudern o. Ä. – aber bitte nicht als schnelle Gymnastik, sondern im Atemtempo und mit bewusster Konzentration. Dabei immer wieder lockern/entspannen).

Spüren Sie die Diskrepanz von angespannter und entspannter Schulter-Nacken-Muskulatur?

Nach mehrmaligem Üben (mindestens eine Woche lang täglich) kann sich als Zeichen beginnender Entkrampfung dieses sensiblen Bereiches ein verstärkter Speichelfluss bemerkbar machen, der sich nach weiterem Üben aber ganz von selbst wieder normalisiert.

Falls Sie feststellen, dass Ihr Schulter-Nacken-Bereich „steif wie ein Brett" oder höchst unempfindlich geworden ist, hier zwei Variationen, mit denen Sie sicher einen deutlichen Effekt erzielen werden (sofern es keine organischen Ursachen gibt, die Sie dann mit einem Arzt abklären müssen).

Ja/Nein/Vielleicht
(abgewandelte Feldenkrais*-Übung)

(Zu L 3: Intensivierung a)

Dauer: 1 Minute

Konzentrieren Sie sich zunächst auf den „Ist-Zustand" Ihrer Anspannungen im Schulter-Nacken-Bereich, so dass Sie am Ende der Übung mögliche Veränderungen wahrnehmen können.

1. Lassen Sie im Sitzen oder im Stehen bei lockeren Schultern Ihren Kopf beim Einatmen langsam nach hinten absinken und holen Sie ihn beim Ausatmen wieder nach vorn auf die Brust, so als ob Sie im Zeitlupentempo das bejahende Nicken („Ja") überdeutlich durchführen würden. Wenn der Kopf zur Brust abgesenkt ist, lassen Sie ihn noch 1–2 Atemzüge dort. Achten Sie darauf, wie sich die muskuläre Anspannung in Ihren Schultern mit jedem Ausatmen weiter lösen kann (2x wiederholen).

2. Erinnern Sie sich daran, mit welchen Kopfbewegungen Sie das Wort „Nein" begleiten. Drehen Sie den Kopf vorsichtig langsam zur linken Schulter (Kopf dort 1-2 Atemzüge halten) und wieder nach vorn, dann zur rechten Schulter (Kopf dort 2-3 Atemzüge halten) und wieder zurück zur Mitte (ausatmen). Die Schultern bleiben weiterhin locker hängen (2x).

3. Nun senken Sie ebenfalls im Atemrhythmus den Kopf von der aufrechten Stellung aus nach rechts (der rechten Schulter entgegen). Kopf wieder aufrichten, dann nach links (der linken Schulter entgegen) absinken lassen, als würden Sie im Zeitlupentempo übertrieben stark damit „Vielleicht" ausdrücken (2x).

Welche Veränderung im Körperempfinden können Sie gegenüber dem „Ist-Zustand" wahrnehmen?

Drehen Sie niemals den Kopf um mehr als 90 Grad zur Seite, Sie schädigen damit Ihre Halswirbelsäule. Senken Sie den Kopf jeweils nur so weit ab, wie es Ihnen noch angenehm bleibt. Ein eventuelles „Knirschen", das von den Halswirbeln auszugehen scheint, ist unbedenklich und verliert sich im Laufe des vierwöchigen Trainings von selbst.

Wenn Sie Ihren Rhythmus gefunden haben, so dass sich das „Ja/Nein/Vielleicht" fließend an Ihren Atemrhythmus anpasst, bauen Sie es in das „GeSchNackEn" ein. Haben Sie auch schon probiert, PME und „GeSchNackEn" zu kombinieren? Bitte vergessen Sie nicht, jeweils den Zustand vor den MINIS mit dem entspannten Endzustand zu vergleichen und Ihr Protokoll auszufüllen.

Der Schulter-Zeiger
(abgewandelte QiGong-Übung)

(Zu L 3: Intensivierung b)

Dauer: 2 Minuten

1. Beginnen Sie zunächst mit einer Konzentration auf Ihren Schulter-Nacken-Bereich (Ist-Zustand).

2. Richten Sie Ihre Aufmerksamkeit spielerisch in den Raum.

   Stellen Sie sich vor, Sie würden mit der rechten Schulter gegen ein Regal lehnen, auf dem genau in Schulterhöhe ein kleiner Reisewecker steht. Sie stehen genau im rechten Winkel zu diesem Wecker und berühren sein Zifferblatt mit der rechten Schulter.

3. Nun machen Sie eine langsame Kreisbewegung mit der rechten Schulter im Uhrzeigersinn, so als wollten Sie mit Ihrer Schulter den Zeiger unterstützen. Gehen Sie mit winzigen Bewegungen Ihrer Schulter auf die Uhrenziffer 3 – 6 – 7 - 9 – 1 – 4 usw...

   Sie können sich auch vorstellen, Sie wollten mit Ihrer rechten Schulter wie mit einem Pinsel das ganze Zifferblatt anmalen. Ihre Schulterbewegung ist sanft, und der ausgeführte Kreis um das Zifferblatt herum ist sehr klein. Es handelt sich nicht um eine riesige Bahnhofsuhr, sondern nur um einen Wecker.

   Umkreisen Sie das imaginäre Zifferblatt zwei- bis dreimal im Uhrzeigersinn, zwei- bis dreimal gegen den Uhrzeigersinn.

4. Vergleichen Sie Ihr Körperempfinden im rechten und linken Schulterbereich. Was können Sie wahrnehmen?

Wiederholen Sie diese Bewegungen entsprechend auch mit der linken Schulter.

Sie können den „Schulter-Zeiger" für Außenstehende unmerklich fast überall durchführen (z. B. wenn Sie eine Jacke oder einen weiten Pullover tragen).

Probieren Sie das Fallenlassen der Schultern und das gesamte GeSchNackEn an so vielen Orten wie möglich: im Stehen und im Sitzen zu Hause; beim Zähneputzen, auf dem Fahrrad, im Fahrstuhl, an der Haltestelle, bei der Tagesschau und in beruflichen Situationen; beim Anblick der Schule, beim Öffnen des Klassenraumes, beim Öffnen der Aktentasche, nach dem Austeilen von Arbeitsblättern, nach jedem Schreiben an die Tafel usw...

Sie können, um sich selbst an das permanente Üben zu erinnern, entsprechende Hilfen benutzen, z. B. farbige Klebepunkte auf dem Armaturenbrett, in der Aktentasche, im Portemonnaie usw.; Spruchpostkarten am Computer o. Ä.

a Notieren Sie fünf private und fünf berufsbezogene Orte, an denen Sie Ihre Erinnerungspunkte aufkleben wollen:

1. ....

2. ....

3. ....

4. ....

5. ....

1. ....

2. ....

3. ....

4. ....

5. ....

b Kleben Sie am besten sofort den ersten Erinnerungspunkt auf und üben Sie an dem entsprechenden Platz gleich noch einmal!

Falls Sie ein Fan von Verstärkungsformeln sind, hier zwei Formeln zum Ausprobieren:

▸ *Nur Mut – „geSchNackEn" tut gut!*
▸ *„GeSchNackEn" kann ich überall – und ich tu's von Fall zu Fall.*

Das „GeSchNackEn" sollte vor jeder anderen Entspannungsübung durchgeführt werden, auch bei später hinzukommenden eigenen Variationen.

Es ist nicht unbedingt notwendig, dass Sie sich bei diesem Wochenprogramm sklavisch an eine Siebentagewoche halten. Sie können „Ihre" Woche auch um einige Tage verlängern, wenn Sie noch etwas länger beim „Bewährten" bleiben wollen.

Gehen Sie erst mit dem Übungsprogramm weiter, wenn Sie mindestens eine Woche intensiv geübt haben, wenn Sie über den Ablauf nicht mehr nachdenken müssen, wenn Sie sich öfter dabei „ertappen", dass Sie mitten in Gesprächen, im Unterricht, am Schreibtisch plötzlich denken:

▸ *Kurz mal „geSchNackEn"!*

Achten Sie in dieser Woche besonders gut auf alle Signale Ihres Körpers (Gähnen, schlechte Konzentration, Muskelanspannung), die ein Bedürfnis nach Entspannung anzeigen. Die wichtigste Verhaltensänderung in Bezug auf Belastungen besteht darin, die Wünsche des Körpers nach Entspannung und Kurzregeneration wahrzunehmen. Machen Sie Ihren Körper zu Ihrem Ratgeber und zuverlässigen Coach!

Protokoll der 1. Woche

Kopieren Sie sich den Übungsbogen (Seite 92) und kleben Sie ihn neben Ihren Zahnputzbecher oder an einen anderen Ort (Wand neben dem Frühstückstisch – an den Schrank, vor dem gewöhnlich Ihre Schultasche steht, neben die Toilettenrolle, auf den Fußboden vor Ihrem Bett o. Ä.). Suchen Sie sich einen Platz aus, an dem Sie sich garantiert mindestens zweimal täglich aufhalten – und füllen Sie das Blatt täglich aus (Strichliste) – als Lehrer kennen Sie ja den erwünschten Effekt von Hausaufgaben und auch die Schwierigkeiten, sie wirklich regelmäßig auszuführen...

Für Ihr regelmäßiges Üben haben Sie – auch außer der positiven körperlich-seelischen Wirkung dieser Übungen – noch eine Belohnung verdient. Gibt es etwas, womit Sie sich selbst eine Freude machen können?

> *Wunderbar ist's, jetzt nichts zu tun –*
> *und davon noch auszuruh'n.*
> *(Spanisches Sprichwort)*

1. Woche	Anzahl der durchgeführten Übungen zu Hause / in der Schule				Protokoll
	PME	Schul- tern los; GeSch- NackEn	Ja/Nein/ Viel- leicht; Schulter- Zeiger	Selbst- entspan- nung in der Schule	Anmerkungen: (positive Erfahrungen, Schwierigkeiten/Störungen, körperliche Phänomene)
Mo morgens					
mittags					
abends					
Di morgens					
mittags					
abends					
Mi morgens					
mittags					
abends					
Do morgens					
mittags					
abends					
Fr morgens					
mittags					
abends					
Sa morgens					
mittags					
abends					
So morgens					
mittags					
abends					

2. Übungswoche

MINI-Programm der zweiten Woche

- Entspannung auf dem Schreibtischstuhl:
  L 4: Räkeln auf dem Zifferblatt
- Entspannung durch Veränderung der Aufmerksamkeit:
  L 5: Hauptsache anders – Innehalten
- Entspannung durch Wahrnehmungslenkung auf einen Gegenstand:
  L 6: Apfelmeditation
- Entspannung durch Aufmerksamkeitslenkung auf eine Körperwahrnehmung:
  L 7: Meine Mitte
- Protokoll der 2. Woche

Bitte wiederholen Sie auch in dieser Woche die vorigen MINIS (PME und „GeSchNackEn") bei gleichzeitiger Intensivierung immer wieder. Wenn Sie die Übungen gut beherrschen, können Sie die benötigte Zeit dadurch verkürzen, dass Sie sie miteinander kombinieren. Konzentrieren Sie sich auch weiterhin auf das permanente Fallenlassen der Schultern. Falls Sie Erinnerungshilfen benutzt haben, wechseln Sie eventuell die Signale, damit diese noch einen ausreichenden Reiz ausüben. Kleben Sie sich z. B. Klebepunkte auf den Türgriff, auf den Lehrerkalender, an die Kaffeemaschine, wickeln Sie ein Klebeband um Ihren Lieblingskugelschreiber oder markieren Sie einen Punkt mit wasserfestem Filzstift auf Ihrer Uhr oder Ähnlichem. Lassen Sie sich von optischen Signalen unterstützen, Ihre Übungen wirklich 3x täglich einzuhalten.

Lernen ist wie Rudern gegen den Strom; wenn man aufhört, treibt man rückwärts.

Vielleicht geht Ihnen das Training glatt von der Hand, und Sie haben schon einige positive Effekte wahrgenommen. Möglicherweise befinden Sie sich aber gerade in einer sehr schwierigen Lebensphase und empfinden Ihren Vorsatz, jetzt Entspannung zu lernen, als zusätzliche Belastung. Lassen Sie eine solche Phase außergewöhnlich starker Beanspruchung, großen Ärgers oder sehr großer Gereiztheit erst abklingen oder picken Sie sich ganz ungezielt nur das heraus, was Ihnen zur Zeit hilft – vielleicht ist die nächste Woche günstiger für den Neustart? Wenn Sie eine negative Erfahrung mit einer Übung machen, hilft Ihnen vielleicht auch Folgendes: Beenden Sie die Übung mit der Rücknahme, wechseln Sie den Ort – nehmen Sie wahr, wieviel günstiger der neue Ort für Sie ist – und beginnen Sie von vorn.

Sie lernen in dieser Woche noch eine weitere Übung kennen, die wie die vorigen primär auf die Muskulatur bezogen ist. Darauf folgen dann Übungen zum Umschalten durch Lenkung der Konzentration.

Bitte nutzen Sie diese Woche zusätzlich dazu, sehr gezielt Ihre körperliche Fitness zu stärken. Ergreifen Sie dazu jede Gelegenheit, die sich Ihnen bietet (körperliche Arbeit, Treppensteigen statt Fahrstuhlfahren, „Walking" zum Einkaufen) – aber nicht in Hektik und mit Anspannung, sondern mit dem Genuss, etwas Gutes für sich zu tun!

Gleichzeitig mit der Steigerung Ihrer körperlichen Kondition wird der Umschaltprozess schneller gelingen und eher zur Regeneration führen.

Sie können Entspannung nicht „erzwingen". „Wollen" und „Loslassen" sind widersprüchliche Signale an Ihr Gehirn. Behalten Sie auch beim Erlernen der Entspannungsreaktion Ihre eigene Gelassenheit. Wenn Sie einigermaßen regelmäßig das Umschalten von Anspannung auf Entspannung trainieren, wird sich der Erfolg von selbst einstellen.

Entspannung auf dem Schreibtischstuhl

Neben der bekannten Blockade in Schultern und Nacken liegt eine zweite körperliche Sperre gegen den Entspannungsmechanismus häufig im Lendenwirbelbereich.

Viele Lehrer haben nach einigen Berufsjahren heftige Kreuzschmerzen. Diese können u. a. ein Symptom sein für innere Anspannungen, die sich hier muskulär zeigen, und/oder es sind die Folgen eines andauernden Bewegungsmangels aufgrund langer sitzender Tätigkeit.

Mit der folgenden Übung wollen wir von der körperlichen Seite her Einfluss nehmen auf den Entspannungsmechanismus. Wenn die beiden „Knotenpunkte" Schultern/Nacken und Lendenwirbelbereich wieder locker sind, wenn Sie körperliche Anspannungen dort sofort wahrnehmen und Gegenmaßnahmen ergreifen können, haben Sie auch ohne groß angelegtes Übungsprogramm schon viel für Ihre Gesundheit getan:

L 4: Räkeln auf dem Zifferblatt
(Abwandlung einer Feldenkrais-Übung)

Dauer: 1/2–2 Minuten, dazu
ca.1 Minute Ausklang

1. Setzen Sie sich auf Ihren Schreibtischstuhl und drehen Sie sich dabei unbedingt mit dem Rücken zu Ihrem Schreibtisch (von der Arbeit abwenden).

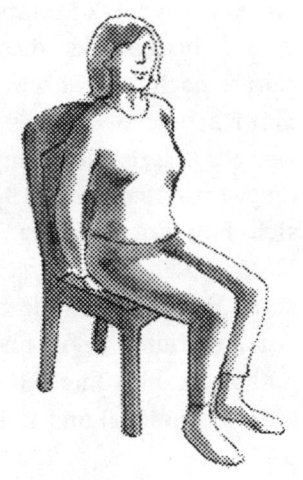

2. Setzen Sie sich auf die Innenflächen Ihrer Hände. Wenn Sie Ihr Gewicht von links nach rechts und wieder zurück verlagern, fühlen Sie Ihre beiden Sitzbeinhöcker. Wenn Sie diese harten Knochen gefühlt haben, legen Sie bitte die Hände auf Ihre Oberschenkel oder auf die Seitenlehne. Nun „geSchNackEn" Sie (L 3)!

3. Stellen Sie sich vor, dass zwischen dem Stuhl und Ihrem Gesäß das Zifferblatt einer Uhr liegt. Wenn Sie ihr Gewicht von links nach rechts verlagern, können Sie abwechselnd die 3 und die 9 dieses imaginären Zifferblattes berühren. Machen Sie bitte diese Bewegung langsam und sehr sanft. Bei der Gewichtsverlagerung kippen Sie nur leicht das Becken, der Oberkörper bleibt fast unbewegt gerade und locker.
Durch Kippen des Beckens nach vorn und hinten können Sie die Ziffern 12 (Machen Sie ein ganz leichtes Hohlkreuz) und 6 (machen Sie ein Rundkreuz) berühren. Wechseln Sie 2x langsam von 12

nach 6 und dann von 3 nach 9. Halten Sie den Oberkörper dabei unbewegt und vertikal, nur das Becken bewegt sich. Schultern und Gesicht sind entspannt.

Kreisen Sie jetzt mit langsamer Bewegung und voller Konzentration auf dem gesamten Zifferblatt zweimal im Uhrzeigersinn und dann zweimal entgegen dem Uhrzeigersinn. Stellen Sie sich dabei vor, Sie würden bei dieser Bewegung Farbe auf das Zifferblatt auftragen, bis es vollständig eingefärbt ist. Die Schultern bleiben dabei locker, der Oberkörper gerade.

Räkeln Sie sich dann ausgiebig, bewegen Sie alle Gelenke (einschließlich der Zehen und Finger), und spannen Sie beim Räkeln möglichst viele Muskeln in beliebiger Reihenfolge an.

4. Ausklang: Nun setzen Sie sich bequem in Ihrem Stuhl zurück und lassen es sich 1-2 Minuten in der nachfolgenden Entspannung gutgehen. Sie genießen dieses begrenzte Nichtstun. Wie fühlt sich Ihr Körper nach dem Räkeln an? Vielleicht fühlen Sie sich wie eine gemütliche dicke Katze, vielleicht auch wie ein ziemlich schweres, warmes Kissen, vielleicht spüren Sie irgendwo im Körper ein Pulsieren... Lauschen Sie der Sprache Ihres Körpers nach. Spüren Sie, wie sich Ihre Entspannung anfühlt und genießen Sie diesen kurzen Moment der Ruhe. Sprechen Sie sich innerlich zur Verstärkung und zum „Einschleifen" die autosuggestive Formel vor: „Ich bin vollkommen ruhig, gelöst und entspannt."

Ballen Sie nun Ihre Fäuste, strecken Sie die Arme, atmen Sie tief (AT-Rücknahme) und stehen Sie langsam erfrischt wieder auf.

Sie können diese Übung direkt an die PME koppeln, z. B. als Abfolge „GeSchNackEn" – PME (1x) – Zifferblatt mit genussvollem Ausklang – Rücknahme.

Benutzen Sie ruhig während Ihres Trainings eine Erinnerungshilfe (Band um den Stuhl wickeln, Luftballon, Schleife um Ihre auf dem Tisch stehende Wasserflasche, besonderes Getränk zur „Belohnung" auf Ihrem Schreibtisch o. Ä.), damit Sie nicht vergessen, täglich dreimal zu üben.

L 5: Hauptsache anders – Innehalten
(Sehr kurzer Arbeits-Stopp durch Lenkung der Aufmerksamkeit)

Dauer 1/2–1 Minute

Halten Sie einen Moment mit Ihrer Arbeit inne und „geSchNackEn" Sie kurz.

a Wieviele Farben sehen Sie in Ihrer Umgebung? Welche davon empfinden Sie als angenehm?
(Prinzip: Sie richten Ihre Aufmerksamkeit auf etwas „anderes", Neues und konzentrieren sich auf einen positiven Aspekt dieser Wahrnehmung.)

b Welche Geräusche können Sie gerade wahrnehmen?
(Prinzip: Aufmerksamkeitslenkung auf sinnliche Wahrnehmungen am Rande der Arbeitstätigkeit – riechen, schmecken, sehen, fühlen, hören.)

c Ist ein angenehmes Geräusch dabei?
(Prinzip: Suche nach einer Wahrnehmung, die positiv bewertet werden kann.)

d Räkeln Sie sich und schütteln Sie sich aus, als könnten Sie damit allen Ärger des Tages und alle Anspannungen und Verkrampfungen wegschütteln.
(Prinzip: Körperliche „grobe" Muskelentspannung durch bewusstes Anspannen/Entspannen und begleitende entspannende Vorstellung.)

Kurzform: Stopp – Farbe – Geräusch – räkeln/schütteln.

Diese Übung können Sie nach den angegebenen Prinzipien selbständig variieren. Wenn Sie eine eigene sinnvolle Sequenz gefunden haben, behalten Sie diese eine Weile bei.
Solche Rituale können sich im Gehirn gut als „Starter", als „Signal" für Entspannung, einschleifen – das Umschalten auf Entspannung geht dann schneller.

Mein individuelles Ritual des Innehaltens hat zur Zeit die Kurzform:

....

....

....

....

....

Eine Variation dieser Übung ist die nachfolgende „Apfelmeditation".

Entspannen durch Lenkung der Wahrnehmung auf ein „Pausen-Symbol"

Nehmen Sie sich einen Apfel (oder irgendeine andere Frucht) und setzen Sie sich mit geschlossenen Augen einen Augenblick hin. Befühlen Sie den Apfel und bemerken Sie, welche Assoziationen sich einstellen.

Für die folgende Kurzmeditation können Sie den nachfolgenden Text lesen oder ihn sich langsam vorsprechen lassen. (Für die Anwendung im Unterricht können Sie auch kleine Steine, Kastanien, Baumrinde o. Ä. verwenden).

L 6: Apfelmeditation
(Lenkung der Aufmerksamkeit mit Imaginationsübung)

Dauer: 2 Minuten

Füße auf den Boden – bequeme Haltung einnehmen – räkeln und kurz „geSchNackEn"...

Schließen Sie Ihre Augen! Gestatten Sie sich, den Apfel einen Augenblick mit ruhiger Aufmerksamkeit wahrzunehmen und sich darüber eine entspannende Atempause zu gönnen...

Umfassen Sie den Apfel mit Ihren Händen. Ist er schwer oder leicht, warm oder kalt? Wie fühlt sich die Oberfläche an?...

Ist der Apfel überall gleichmäßig rund oder spüren Sie besondere Merkmale?...

Sie können auch einmal mit dem Apfel über Ihr Gesicht fahren. Was spüren Sie dabei?...

Konzentrieren Sie sich jetzt auf den Geruch dieses Apfels. Woran erinnert Sie dieser Geruch? In welche Zeiten führt er Sie zurück?...

Was meinen Sie, woher dieser Apfel stammen könnte? Kommt er wohl aus einem norddeutschen Obstanbaugebiet, aus irgendeinem Garten oder von weit her aus südlichen Gefilden mit klarer Luft und viel Sonne?...

Kommen Sie mit Ihren Gedanken nun langsam an Ihren Platz zurück. Spüren Sie wieder das Gewicht des Apfels in Ihrer Hand! Öffnen Sie die Augen und sehen Sie ihn sich an: Gefällt Ihnen seine Färbung?

Wie wird er wohl schmecken? Haben Sie Lust, gleich hineinzubeißen und seine Frische zu schmecken?

Rücknahme: Arme fest – tief atmen – Augen auf – recken und strecken.

Wenn Sie mögen, können Sie Ihren Apfel nun mit Genuss essen.

Diese Übung kann ganz nach Belieben abgewandelt werden. Vielleicht werden Sie über eine duftende Tasse Tee meditieren, über eine Vase, eine Walnuss, einen Kieselstein...

Vielleicht finden Sie einen Gegenstand, der für Sie persönlich zum Einstiegssignal Ihrer Kurzentspannung wird (so wie früher die Zigarette). Folgenden Gegenstand habe ich als mein „Pausen-Symbol" ausgewählt: ....

Entspannung durch Lenkung der Aufmerksamkeit auf eine Körperwahrnehmung

Mit den beiden vorherigen Übungen haben Sie Ihre Aufmerksamkeit auf Ihre Umgebung gelenkt. Viele Menschen erreichen eine tiefe Entspannung noch leichter durch Konzentration auf den eigenen Körper, durch Besinnung „auf sich selbst".

Die folgende Übung baut daher auf einem Effekt auf, der auch beim AT zum Umschaltprozess führt: Durch geistige Konzentration auf einen normalen, als angenehm empfundenen körperlichen Vorgang wird dieser automatisch verstärkt (Carpenter-Effekt*). Probieren Sie es aus.

L 7: Meine Mitte
(Wärmekonzentration)

Dauer: 1-2 Minuten

Vorbereitung: Sorgen Sie kurz für frische Luft, lockern Sie Ihre Kleidung. Nehmen Sie wahr, wie Sie zur Zeit atmen (flach/tief/kurz/lang), ohne dabei Ihre Atmung bewusst zu verändern oder zu steuern.
Kneten Sie Ihre Hände warm.

Durchführung: Legen Sie in bequemer Sitzhaltung eine Hand auf den Magen, die andere unterhalb des Nabels auf Ihren Bauch. (Oder legen Sie eine Hand auf den Bauch und umfassen Sie das Handgelenk dieser Hand mit der anderen.) Lassen Sie dabei die Schultern locker und „geSchNackEn" Sie kurz...
Sie sitzen bequem und entspannt und spüren Ihre warmen Hände auf Ihrem Bauch...
Lenken Sie Ihre Aufmerksamkeit ausschließlich darauf, wie Sie die Wärme Ihrer Hände auf dem Bauch wahrnehmen:
Spüren Sie die angenehme Wärme Ihrer Hände auf Ihrem Bauch, auf Ihrer „Mitte"...
Ihre Aufmerksamkeit ist ganz auf diese Wärme gerichtet...
Sie nehmen wahr, wie warm die Hände sind, wo sie aufliegen, wohin die Wärme sich ausdehnt...
Sie genießen einen Moment dieser angenehmen Wärme... (ca. 1 Min.)
Sie sind vollkommen ruhig, gelöst und entspannt...

Vergleich mit dem Ausgangszustand zur „Erfolgskontrolle": Nehmen Sie nun wahr, wie sich Ihre Atmung inzwischen verändert hat, ohne diese dabei zu beeinflussen. Vermutlich atmen Sie jetzt ruhiger und tiefer. Der Atemraum ist weiter geworden. Das bedeutet: Die spontane Veränderung Ihrer Atmung signalisiert Ihnen, dass allein durch bewusste Konzentration auf das Wärmegefühl im Bauch ein Entspannungsprozess eingesetzt hat.

Rücknahme: Arme fest, tief atmen, Augen auf!
Räkeln Sie sich genüsslich und nehmen Sie wahr, wie sich der entspannte Zustand anfühlt... Sie sind erfrischt und wieder bereit zur Aktivität.

Diese Übung können Sie leicht im Sitzen oder im Stehen durchführen (am Schreibtisch, im Lehrerzimmer, im Auto vor Ampeln, sogar – etwas modifiziert (z. B. mit verschränkten Armen) – auch während Klassenarbeiten oder in Stillarbeitsphasen. Sie ist höchst effektiv und schon nach kurzem Training auch zum Abbau von akuten Erregungsphasen geeignet.

Führen Sie diese Übung zusätzlich zu den anderen Entspannungsübungen mindestens drei Wochen lang einmal täglich durch, um Ihren Körper wieder an ein neues Pausensignal zu gewöhnen.

Erinnern Sie sich noch daran, wie Sie schwimmen gelernt haben? Wie mühelos Sie heute schwimmen! Irgendwann klappte es, und Sie konnten sich mit Genuss dem Wasser anvertrauen.

Es wird nicht lange dauern, bis Ihr Körper dieses Signal gut „verinnerlicht" hat. Dann können Sie es auch in Stress-Situationen benutzen.

Wenn Sie zu Hause üben, können Sie diese Wärmekonzentration gut an Ihre „Zifferblatt-Übung" anschließen.

Protokoll der 2. Woche

Ich bin top-fit!
Ich lasse los –
Ich bin top-fit!
Ich lasse los –
Ich bin top-fit!
Ich lasse los!

Nutzen Sie in dieser Woche jede nur mögliche Gelegenheit, Ihre körperliche Fitness zu stärken und Ihre Kondition zu erhöhen (viel körperliche Arbeit, Treppensteigen statt Fahrstuhl, Walken/Jogging). Wenn sich die eigene Leistungsfähigkeit erhöht hat, führen die Umschaltübungen schneller zur Regeneration!

Ich werde in der kommenden Woche meine Fitness trainieren, indem ich

....

....

....

....

....

2. Woche	Anzahl der durchgeführten Übungen zu Hause / in der Schule				Protokoll
	GeSch-NackEn + PME	Schul-tern los weiter-führen	Ziffer-blatt	Inne-halten; Meine Mitte	Unterrichtspausen zur Er-holung genutzt? Womit eigene Fitness gestärkt? Übungswirkung und weitere Anmerkungen
Mo morgens					
mittags					
abends					
Di morgens					
mittags					
abends					
Mi morgens					
mittags					
abends					
Do morgens					
mittags					
abends					
Fr morgens					
mittags					
abends					
Sa morgens					
mittags					
abends					
So morgens					
mittags					
abends					

3. Übungswoche

MINI-Programm der dritten Woche

- Entspannung nach langer Computer- oder Schreibtischarbeit:
  L 8: Augenentspannung am Schreibtisch/am Computer
  L 9: Der Rückenstrecker nach Schreibtischarbeit
  L 10: Eingerollt
- Protokoll der 3. Woche

Führen Sie die Wärmeentspannung „Meine Mitte" auch weiterhin als tägliche Übung durch und experimentieren Sie auch ein wenig an anderen Orten damit, z. B. im Bus oder in der Schule. Dehnen Sie die Übung zeitlich nicht aus und benutzen Sie sie während der Trainingsphase ausschließlich tagsüber zur erfrischenden Kurzentspannung.

Neben der Vertiefung der Wärmeentspannung liegt der Schwerpunkt dieser Woche auf Entspannungsmethoden, die besonders nach Computer- und Schreibtischarbeit schnell wieder Entspannung ermöglichen.

Besorgen Sie sich, ehe Sie mit den Übungen beginnen, einen Küchenwecker. Fixieren Sie ihn fest auf Ihrem Computer oder auf dem Schreibtisch. Sehr disziplinierte Kollegen können natürlich auch einen normalen Wecker benutzen... Für Computer-Freaks oder die „Workaholics" unter Ihnen, die selbst das Wecker-Einstellen vergessen würden, gibt es witzige Pausen-Erinnerungs-Software. Verwenden Sie alles, was Ihnen hilft, Ihren „inneren Antreiber" zu überlisten.

Probieren Sie aus, eine ganze Woche lang jede Stunde per Klingelzeichen eine kurze Pause zu „nehmen". Wer im Stress „gefangen" ist, kann aus eigener Kraft nicht mehr gut loslassen. Die Uhr soll Sie deswegen in Ihrem Anspruch auf Pausen unterstützen. Drei Minuten Bewegung, ein entspanntes Zurücklegen oder kurzes Träumen sind kein Zeitverlust, sondern verantwortliches Handeln sich selbst gegenüber. Gehen Sie mit sich selbst nicht strenger um als Ihr Kultusminister. Arbeitsrechtlich stehen Ihnen auch als LehrerIn Pausen zu!

Die Augenentspannung sollte immer in ein Programm zum gesamten Spannungsabbau eingebettet sein (vgl. dazu S. 167: Parasympathikus). Lösen Sie die Augenübungen also nicht aus dem MINI-Programm heraus!

Für Schreibtisch und Computer eignen sich – nach kurzer körperlicher Anspannung/Entspannung – ganz einfache Übungen zur Besinnung, zur Kurzmeditation, zum Tagtraum mit einem Musikstück (vgl. S. 72). Wechseln Sie auch für Zweiminuten-MINIS unbedingt vom Schreibtischstuhl auf einen anderen Platz. Falls das schwer zu realisieren ist, legen Sie den Kopf, von den Armen umschlungen, auf die Schreibplatte. Schließen Sie bei diesen kurzen Stopps immer die Augen, und blinzeln Sie am Ende mehrmals (sehr wichtig für die Feuchtigkeitsregulierung nach langer fixierter Augenstellung durch längere Arbeit am Computer!).

L 8: Augenentspannung an Schreibtisch und Computer

Dauer: 2 Minuten

Setzen Sie sich am Schreibtisch aufrecht hin, nehmen Sie Ihre Brille ab. Stellen Sie beide Füße nebeneinander auf den Boden. Räkeln Sie sich kräftig und ausgedehnt und „geSchNackEn" Sie. Schultern dabei locker lassen (nicht hochziehen).

1. Stützen Sie die Ellenbogen auf dem Schreibtisch auf (evtl. Ordner oder Bücher als Unterlage benutzen, damit der Rücken dabei gerade bleiben kann).
   Wenn Sie mögen, können Sie jetzt eine kleine Augengymnastik zwischenschalten: Augen rollen (rechts/links, oben/unten, diagonal).

2. Augen (Arme aufgestützt) mit den hohlen Handflächen bedecken: Die Netzhautzellen werden nicht mehr durch Lichtimpulse aktiviert und können sich regenerieren.
   Sie können auch, wenn Ihnen das angenehmer ist, die Arme in den Schoß legen, den Kopf hängen lassen und die Augen schließen oder die Arme verschränkt auf den Schreibtisch legen und den Kopf darauf ablegen.

3. Aufmerksamkeit auf die Atmung lenken: nichts absichtlich verändern, nur wahrnehmen, wie der Atem gerade kommt und geht.
   Jedes Ausatmen mit der Vorstellung begleiten, dass damit Müdigkeit und Entspannung gelöst werden.
   Dann Aufmerksamkeit auf die Augen lenken. Bewusst wahrnehmen, wie angenehm die Dunkelheit für Sie ist.

4. Für einen kurzen Moment eine entspannende Vorstellung vor das innere Auge treten lassen (entsprechend der Ruhe-Konzentration des AT): warmer Sandstrand am Meer – vorbeiziehende Wolken am Sommerhimmel – sanfte Wellen auf sonnigem See – zwitschernde Vögel im Wald – plätschernder Bach – leise entspannende Musikklänge o. Ä.

Rücknahme: Arme fest, recken/strecken;
tief atmen, gähnen und seufzen, Augen auf
und: blinzeln, blinzeln, blinzeln...

Überlegen Sie bitte kurz: Wo können Sie ein Erinnerungs-symbol zur Augenentspannung (mit kurz skizziertem Ablauf) hinkleben? Haben Sie auch in der Schule die Mög-lichkeit, Augenentspannung zu praktizieren? Wie können Sie sich dort erinnern lassen?

Während Sie beim Unterrichten immer wieder in Bewegung sind, werden bei langer Schreibtischarbeit häufig die durch zu lange geistige Konzentration hervorgerufenen Anspan-nungsreaktionen noch zusätzlich durch körperliche Ver-spannungen verstärkt, die durch zu langes Sitzen entstehen. Nach langer Schreibtisch- und Computerarbeit ist es daher sehr sinnvoll, den Umschaltprozess von der körperlichen Seite her zu beginnen. Hierzu eignet sich wieder PME (L1) oder auch, als Variation, die folgende Übung:

L 9: Der Rückenstrecker nach Schreibtischarbeit
(Yoga, kombiniert mit Atementspannung)

Dauer: 2 Minuten

Ziel dieser Übung ist die schnelle Entkrampfung eines verspannten Rückens und erneute Vitalisierung nach stundenlanger Schreibtischar-beit (Aktivierung der Atmung und verbesserte Kopfdurchblutung).

Stellen Sie sich neben Ihren Schreib-tisch aufrecht hin, die Beine leicht gegrätscht.
Umfassen Sie mit einer Hand das Handgelenk der anderen hinter ihrem Körper und beugen Sie Ihren Oberkörper ohne Anstrengung nach hinten.
Spannen Sie alle Muskeln einmal an.

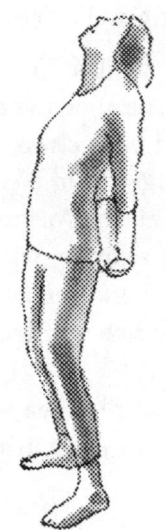

Lassen Sie Ihren Kopf nun zur Brust sinken und Ihren Oberkörper dann aus der Hüfte heraus langsam nach vorn mit dem Kopf nach unten absinken, so weit es ohne Anstrengung möglich ist. (Die Knie dabei leicht beugen, also nicht durchdrücken).
Heben Sie dann die Arme hinter Ihrem Körper langsam nach oben (ohne Überdehnung, ohne Ruck!). Zwei Atemzüge lang oben halten. Hals und Schultern bleiben dabei locker.

Senken Sie nun Ihre Arme wieder etwas ab, so dass die verschlungenen Hände auf der Lendenwirbelsäule „abgelegt" werden. Wenden Sie leicht den Kopf von rechts nach links (und zurück). Heben Sie dann zwei- bis dreimal abwechselnd jeweils eine Schulter nach hinten der Wirbelsäule entgegen (wie ein „Flügelschlag).

Lassen Sie zu, dass Ihr Oberkörper bei jedem Ausatmen vom Eigengewicht sanft noch etwas weiter nach unten gezogen wird. Vermeiden Sie dabei jede eigene Anstrengung.
Stellen Sie sich vor, wie mit jeder Ausatmung weitere Verspannungen den Körper verlassen... Genießen sie dieses „Aushängen".
Richten Sie sich sehr langsam, Wirbel für Wirbel, wieder auf.

Kurzfassung: Strecken – aushängen - Arme hinten hoch – ablegen – Kopf drehen - Flügel bewegen – hängend ausruhen – sehr langsam hoch.

Wiederholen Sie die Übung noch einmal. Die entspannende Wirkung entfaltet sich am besten, wenn Sie genussvoll üben.

Variation im Sitzen:
Setzen Sie sich gerade auf einen Stuhl und räkeln Sie sich mit nach oben ausgestreckten Armen. Lassen Sie dann Ihren Oberkörper nach vorn „herunterhängen" und legen Sie die Hände zwischen Ihre Füße, die Handflächen nach oben. Achten Sie darauf, wie Ihre Atmung sich auch im Rücken bemerkbar macht.

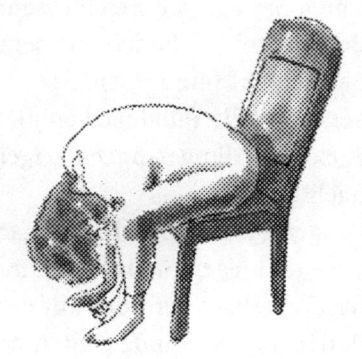

Falls Sie Gelegenheit haben, einen kurzen Moment auf dem Boden weiterzuüben (falls kein Teppich vorhanden ist, Kissen oder kleine Decke unterlegen), fügt sich folgende Übung (L 10) sehr gut an die Streckübung an. Es handelt sich hierbei um eine Kombination aus Yoga/Atemübung und AT, die in meinen Kursen sehr beliebt ist. Die Übung wirkt Blockaden im Lendenwirbelbereich entgegen und hat zusätzlich zur entspannenden Wirkung eine schnell lindernde Wirkung bei Kreuz- und Unterleibsbeschwerden:

Sie können die Übung (L 10) sehr gut mit dem AT-Ausklang (siehe nächste Woche) oder sogar mit einer Atemübung aus dem Yoga („In den Rücken atmen") ergänzen.
Falls Sie keine Gelegenheit finden, diese Übung auf dem Boden durchzuführen, können Sie den zweiten Teil der Übung (Atembesinnung) auch im Sitzen (Stirn nahe den Knien oder auf dem Schreibtisch) durchführen, dabei Hände auf dem Rücken locker zusammenfügen, Füße nach vorn gestreckt und schulterbreit nebeneinander auf dem Boden (nicht übereinanderschlagen). Achten Sie dabei auf eine entspannte Kiefermuskulatur.

L 10: Eingerollt
(Yoga, kombiniert mit Atementspannung)

Dauer: 2-3 Minuten

Knien Sie sich mit geschlossenen
Beinen auf den Boden und setzen
Sie sich auf Ihre Fersen.
Legen Sie die Hände neben die
Fersen, die Fingerspitzen zeigen
nach hinten.
Beugen Sie den Oberkörper nach
vorn und legen Sie langsam Ihren
Kopf oberhalb der Stirn auf dem
Boden ab; die Hände gleiten neben die Unterschenkel, die Hand-
flächen bleiben oben.

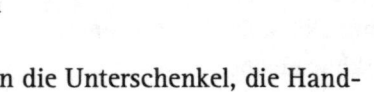

Die Brust wird dabei gegen die Knie gedrückt (Sie können die Knie
auch breiter auseinandersetzen, wenn Ihnen das zunächst noch bequemer ist), der Rücken ist jetzt rund.
Lassen Sie Ihren Kopf auf dem Boden ruhen (Sie können ihn dabei
auch zur Seite drehen).

Falls Ihnen das angenehmer ist, können Sie die Arme auch nach vorn
strecken und die Unterarme neben Ihrem Kopf ablegen. Die Schultern
bleiben entspannt.

Nehmen Sie wahr, wie sich Ihr Rücken in dieser Lage entspannt.
Begleiten Sie diese Entspannung durch die Vorstellung, dass beim Ein-
atmen jeder Atemzug Ihren Rücken erreicht und dass sich bei jedem
Ausatmen die verkrampften Muskeln lockern. Lassen Sie mit jedem
Ausatmen Ärger, Belastung und Druck los.
Bleiben Sie so lange in dieser Stellung, wie es Ihnen angenehm ist.
Kommen Sie dann sehr langsam wieder in den Fersensitz.

Vitalisieren Sie sich vor dem Aufstehen mit der AT-Rücknahme.

Protokoll der 3. Woche

Wahrscheinlich sind Sie manchmal nicht so begeistert von Ihren Hausaufgaben, genauso wie Ihre Schüler. Aber erinnern Sie sich: Dies ist ein Trainings-Programm zur Einstellung Ihres Körpers auf ein Umschaltsignal, und Sie sind noch auf der Suche nach der Methode, die Ihr Körper am besten annimmt.

Lassen Sie sich nicht entmutigen. Sie haben mit allen Vorübungen aus dem theoretischen Teil und dem Programm der ersten drei Wochen schon viel geschafft.

Falls Ihnen das Üben allein schwerfällt oder einfach zu langweilig ist: Vielleicht gibt es interessierte KollegInnen, oder eins Ihrer Kinder oder eine Freundin, die immer „im Stress" ist, hat vielleicht Lust mitzumachen.

Kommen Sie immer mehr dazu, Ihre MINIS auch während der Schulzeit einzusetzen? Haben Sie schon einmal versucht, sich gemeinsam mit Ihren Schülern zu entspannen?

Menschen, die zuviel arbeiten, werden selten fertig.

Wenn man eine Sportart neu erlernt, ist es häufig so, dass nach einem sehr leichten Anfang nach kurzer Zeit ein richtiges Tief kommt. Ist das erst einmal überwunden, geht es oft langsam, aber dennoch ziemlich kontinuierlich vorwärts. Mit dem Umschalten auf Entspannung ist es ebenso. Wenn Sie das Gefühl haben sollten, dass eine Stagnation eingetreten ist, machen Sie einfach stur weiter, und dehnen Sie die einzelnen Übungen nicht aus. Es sind noch immer nur 3 x 3 Minuten täglich...

Falls Sie das Umschalten schon gut beherrschen, kann es sein, dass Sie den Wunsch nach einer längeren Regeneration in der Entspannungsphase verspüren. Sie müssen sich dann natürlich nicht zwingen, die Entspannungsreaktion abzubrechen. Für das „Einschleifen" eines möglichst schnellen Umschaltens wäre es allerdings günstig, wenn Sie dann immer auch wieder Kurzübungen anschließen würden, damit Ihr Körper sich daran gewöhnt, das schnelle Umschalten zu praktizieren, bis das wirklich ganz sicher „sitzt". Auch für die Regeneration ist es günstiger, häufige und kurze Pausen zu machen als selten eine lange Pause.

3. Woche	Anzahl der durchgeführten Übungen zu Hause / in der Schule				Protokoll
	Wärme- entspan- nung	Augen- entspan- nung	Rücken- strecker; Einge- rollt	Sons- tiges; eigenes Pausen- symbol	Unterrichtspausen zur Erholung genutzt? Übungswirkung und Anmerkungen
Mo morgens					
mittags					
abends					
Di morgens					
mittags					
abends					
Mi morgens					
mittags					
abends					
Do morgens					
mittags					
abends					
Fr morgens					
mittags					
abends					
Sa morgens					
mittags					
abends					
So morgens					
mittags					
abends					

4. Übungswoche

MINI-Programm der vierten Woche

- Einführung in das AT:
  Einstiegshilfe: Die AT-Körperhaltung
  Einstiegshilfe: Die Entwicklung eines Ruhe-Signals
  Die „Koppelungsübung":
  L 11: Ruhe-Konzentration
- Die erste Grundübung der Unterstufe des AT:
  L 12: Schwere-Konzentration
- Protokoll der 4. Woche

Einführung in das AT

Wenn Sie inzwischen alle von mir vorgeschlagenen Übungen des Trainings ausprobiert haben, wird Ihnen die vertiefende Ruhe-Schwere-Übung des Autogenen Trainings gefallen. Sie sind nämlich inzwischen schon mit einigen Elementen vertraut.

Das Autogene (= selbsttätige) Training ist eine konzentrative Selbstentspannung, die 1920 von J. H. Schultz entwickelt wurde (vgl. S. 60 ff.). Oberstes Prinzip des AT ist nicht das angestrengte „Machen" oder „Wollen", sondern das „Geschehenlassen", das „Wahrnehmen" von körperlichen Empfindungen.

Zur atmosphärischen Einstimmung und als „Einschaltsignal" wird die „Ruhe-Konzentration" benutzt, die sehr gut mit einem eigenen imaginierten Ruhebild verknüpft werden kann. Wenn Sie diese Übung mehrmals täglich durchführen, kann es schon bald dazu kommen, dass Sie sich nur Ihr Ruhebild vorzustellen brauchen, um schon einen kleinen Erholungseffekt zu erreichen, weil Ihr Körper auf diese Mitteilung („Jetzt grenze ich mich einen Moment von der Hektik des Alltags ab") antwortet.

Die AT-Körperhaltung

Lockern Sie Ihre Kleidung. Entspannen Sie kurz Ihre Grobmuskulatur durch Räkeln und
„GeSchNackEn".
Setzen Sie sich auf Ihren Schreibtischstuhl und drehen Sie sich mit
dem Rücken zum Schreibtisch (von
der Arbeit weg!).

Nehmen Sie Ihre AT-Sitzhaltung
ein: Rutschen Sie mit Ihrem Gesäß
nach hinten und lehnen Sie sich in
aufrechter Haltung – Kopf ganz
leicht vorgeneigt – an die Rückenlehne (bei hoher Rückenlehne kann
der Kopf auch angelehnt werden).

Alternative: „Flegelhaltung" in einem bequemen Sessel.
(Üben Sie noch nicht im Liegen, bevor Sie nicht die gesamte Schwere-
Wärme-Übung im Sitzen mit Schnellumschaltung beherrschen!)

Strecken Sie Ihre Beine etwas nach vorn aus. Stellen Sie Ihre Füße
schulterbreit auseinander. Spüren Sie den Boden mit Ihren Fußsohlen.
Legen Sie die Arme auf die Oberschenkel oder auf die Stuhllehne.
Überprüfen Sie, ob Sie entspannt sitzen. Lösen Sie restliche Spannungen durch Anspannen/Entspannen der entsprechenden Muskeln und
verändern Sie gegebenenfalls Ihre Haltung noch ein wenig.

Die Entwicklung eines Ruhesignals

„GeSchNackEn", Sitzhaltung einnehmen. Entwickeln Sie ein eigenes Ruhebild: Schließen Sie die Augen und stellen Sie sich einen Ort vor, an dem Sie sich sehr wohl fühlen oder früher (in Ihrer Kindheit/im Urlaub etc.) schon einmal sehr wohl gefühlt haben (auf einer Wiese, an einem See, unter einem Baum, zu Hause im Sessel, vor einem Gemälde, in einem Konzertsaal...). Es kann auch ein Ort sein, den Sie sich ausdenken, den es nur in Ihrer Phantasie gibt. Stellen Sie sich einen Ort vor, an dem Sie sich gut entspannen können, und nehmen Sie diesen Ort und die Ruhe dort intensiv wahr. Möglicherweise stellen sich vor Ihrem inneren Auge mehrere Bilder eines Ruheortes ein... Lassen Sie diese wie in einem Film vorbeiziehen und halten Sie dann ein Bild fest.

Konzentrieren Sie sich auf diesen Ort: Welches Bild sehen Sie? Wie fühlen Sie sich dort? Welche Wärme empfinden Sie dort? Wie ist das Licht? Wer befindet sich in der Nähe? Wie riecht es dort? Welche Geräusche hören Sie? usw... Bleiben Sie mit Ihren Gedanken und Empfindungen an diesem Ort. Genießen Sie es, sich mit Hilfe Ihrer Phantasie dort ausruhen zu dürfen.

Sie können zunächst auch mit einem vorgegebenen Ruhebild beginnen (z. B. mit dem Text „Im Sessel" S. 49). Sie werden bald merken, dass Sie das Bild nach Ihren eigenen Vorstellungen abwandeln/ausschmücken, bis es ganz Ihr eigenes Ruhebild ist.

Wenn Sie alle MINIS ab sofort mit einer groben Muskelentspannung (Räkeln, „GeSchNackEn") beginnen und sich dann auf Ihr Ruhebild konzentrieren, kann es sein, dass Ihr Körper dies nach wenigen Tagen schon als Signal für Entspannung akzeptiert. Sie können dann vermutlich einige der beschriebenen „Hinweise" auf den Eintritt des Entspannungsvorgangs (Umschalten auf den biochemischen Entspannungs-Mechanismus) wahrnehmen (vgl. S. 56).

L 11: Ruhe-Konzentration
(„Koppelungs"-Übung des AT)

Dauer: 1/2 Minute

Kleider lockern, Muskeln lockern (räkeln, „geSchNackEn"), richtige Sitzhaltung einnehmen, Augen schließen, Ruheort vorstellen.

Sie stellen sich einen Ort vor, an dem Sie sich gut entspannen können. Sie nehmen diesen Ort mit allen Sinnen wahr und spüren nach, wie gut Ihnen die Ruhe dort bekommt. Dazu sagen Sie sich innerlich mehrmals nur die folgende Formel:

▸ *Ich bin ganz ruhig.*

Verändern Sie die Formel sprachlich nicht, auch wenn sie zu Beginn noch eine Zielvorstellung darstellt.

Rücknahme: Geben Sie sich selbst die schon beschriebene dreischrittige Aufforderung:
• Arme fest (ballen Sie die Fäuste und ziehen Sie ihre Arme mehrmals mit Schwung wieder an Ihren Körper),
• tief atmen (atmen Sie mehrmals tief ein und aus),
• Augen auf (öffnen Sie Ihre Augen weit und orientieren Sie sich wieder in Ihrer Umgebung).

Führen Sie die gesamte Übung L 11 nicht länger als eine halbe Minute durch. Das angestrebte Ziel ist, dass mit der Einnahme der AT-Sitzhaltung sofort das innere Ruhebild entsteht. Wenn Sie immer das gleiche Ruhebild verwenden, kann dies bei einiger Übung schon in 2-3 Sekunden eintreten.

Einige Menschen sind eher auditiv als visuell ansprechbar. Die Vorstellung eines Ruhebildes ist keine Voraussetzung zum Erlernen des Autogenen Trainings, es hat sich aber bei vielen Menschen als sehr hilfreich erwiesen. Probieren Sie selbst aus, ob Sie sich mit oder ohne Ruhebild schneller auf „Ruhe" einstimmen können oder ob Ihnen stattdessen die Erinnerung an bestimmte beruhigende Geräusche, eine Melodie o. Ä. hilfreich ist und zum „Signal" werden kann.

Benutzen Sie diese Vorstellung nicht als Einschlafhilfe und üben Sie nicht im Liegen, sondern „reservieren" Sie sie als Signal für die erfrischende Kurzentspannung am Tag.

Die erste Grundübung der Unterstufe des AT

Die vorgestellte Ruhe-Konzentration bereitet auf die erste AT-Übung vor und stellt eine „Koppelung" dar zwischen allen weiteren Übungsschritten. Vielleicht wollen Sie irgendwann einmal dieses Training ergänzen und ein aufbauendes vollständiges Verfahren der Tiefenentspannung erlernen. Den Anfang für das AT haben Sie hiermit schon gemacht. Die Übungsfolge verläuft ganz regelmäßig so:
Grobmuskuläre Verspannungen lösen
Sitzhaltung/Ruhebild
Schwere/Ruhe – Wärme/Ruhe
XXX/Ruhe – YYY/Ruhe – ZZZ/Ruhe usw.
(X-Y-Z werden hier nicht erklärt – Sie sollen ruhig etwas neugierig blieben...)

Die erste Übung des Autogenen Trainings ist die Konzentration auf eine Körperwahrnehmung, und zwar auf die Schwere des am meisten benutzten Armes. (Rechtshänder konzentrieren sich auf den rechten, Linkshänder auf den linken.)

Schätzen Sie zunächst, wieviel Ihr Arm wiegt: _____ (Bitte wirklich erst einmal raten...)
Stellen Sie sich eine Küchenwaage auf Ihren Schreibtisch und setzen Sie sich davor. Lockern sie Ihren Schulter-Nacken-Bereich und legen Sie Ihren Arm auf die Waage.
Überprüfen Sie nun Ihre Schätzung. Mein Arm wiegt _____ kg.
Vergleichen Sie Ihr eigenes Armgewicht mit dem Armgewicht anderer Personen Ihrer Umgebung. Ihre Testperson muss dabei die Schultern gelockert halten.
Überprüfen Sie vor jeder Übung das Gewicht Ihres Armes durch Anheben mit der freien Hand so lange, bis Sie sich eine sichere innere Vorstellung von dem Gewicht Ihres Armes bilden können.

Sprechen Sie sich innerlich mehrmals die Formel vor: „Mein rechter (linker) Arm ist schwer", und versuchen Sie dabei, das tatsächliche Gewicht Ihres entspannt auf den Oberschenkeln „abgelegten" rechten (linken) Armes wahrzunehmen, und zwar als angenehme Schwere. Je deutlicher Sie sich dabei darauf konzentrieren, wahrzunehmen, wie Ihr Arm aufliegt und wo Ihr Arm aufliegt, desto deutlicher werden Sie nach und nach das reale Gewicht Ihres Armes auch spüren können. Diese ungewohnte Wahrnehmung der Schwere eigener Körperteile kann (bei täglich mehrmaligem Üben) etwa ein bis zwei Wochen dauern. Die Entspannungsreaktion tritt auch dann ein, wenn Sie noch nicht perfekt geübt sind, die Schwere deutlich wahrzunehmen.

L 12: Schwere-Konzentration (AT)

Dauer: 10 Sekunden (zu Trainingsbeginn 2-3 Minuten)

Kleider lockern, Muskeln lockern (räkeln, „geSchNackEn", je nach Geschmack PME/Zifferblatt/Rückenstrecker), richtige Sitzhaltung einnehmen, Augen schließen, Ruheort vorstellen. Die Formeln lauten:

▸ *Ich bin ganz ruhig.*
▸ *Mein rechter (linker) Arm ist schwer.* (Ungefähr sechsmal auf diese Wahrnehmung konzentrieren.)
▸ *Ich bin ganz ruhig.* (ca. dreimal)

Rücknahme: Arme fest, tief atmen, Augen auf.

Diese Übung ist unabhängig vom Ort bald blitzschnell anwendbar. Beim Üben können ungewohnte Anzeichen der beginnenden Entspannungsreaktion auftreten. Vielleicht bemerken Sie irritierende Reaktionen; diese verlieren sich schnell wieder bei regelmäßigem Training (z. B. Speichelfluss, Muskelflackern, schneller Blutdruckabfall oder die Empfindung, dass Arm oder Hand an Volumen zunehmen). Erwünschte Hinweise auf die beginnende Entspannung sind leichtes Kribbeln, Ziehen oder eine Wärmeempfindung in Arm bzw. Hand (evtl. auf der gegenüberliegenden Körperseite). Falls Sie so etwas wahrnehmen, freuen Sie sich, wie gut

Ihr Körper sich bereits auf Ihren Wunsch hin entspannen kann.

Sie dürfen jetzt auch schon mit Ihrer Aufmerksamkeit der sich ausbreitenden Wärme im Arm folgen. Kehren Sie aber eine Woche lang immer wieder zur Schwere-Wahrnehmung zurück, auch wenn Sie möglicherweise Wärme (und Kribbeln) leichter wahrnehmen können als Schwere.

Brechen Sie die Übung ab, wenn Ihre Gedanken abschweifen, und beginnen Sie dann noch einmal von vorn. Trainieren Sie Ihre innere Uhr auf einen Sekunden-Zeitraum, nicht auf „freies Schweifen". Wenn Sie dann eine sichere Wahrnehmung Ihrer Arm-Schwere erworben haben, können Sie nach einer Woche auch der „Vorgabe" Ihres Körpers folgen und sich auf die Wärme-Empfindung im Arm konzentrieren.

Die Götter verkaufen das Ungewöhnliche nicht zu Schleuderpreisen. (Sören Kierkegaard)

Die Reihenfolge der innerlich als Begleitung der Körperempfindung gesprochenen „Formeln" lautet dann:

▸ *Ich bin ganz ruhig.*
▸ *Mein Arm ist schwer.* (ca. 6x)
▸ *Ich bin ganz ruhig.*
▸ *Mein Arm ist warm.* (ca. 6x)
▸ *Ich bin ganz ruhig.*

Rücknahme: Arme fest, tief atmen, Augen auf.

(Kurzfassung: Ruhe – Schwere / Ruhe – Wärme / Ruhe – Rücknahme)

Ohne Anleitung eines erfahrenen AT-Trainers und ohne Austausch unter Mitübenden fällt es vielen Menschen schwer, sich in kurzer Zeit auf Schwere und Wärme im Arm zu konzentrieren. Es bietet sich dann an, entweder einen Kurs in AT zu besuchen oder Ihr Ruhebild zunächst mit der Wärmeübung L 7 (Meine Mitte) zu verknüpfen, die Sie ja schon beherrschen.

Protokoll für die 4. Woche

Fertigen Sie sich ein eigenes Übungsprotokoll nach vorgegebenem Raster (für die folgenden Wochen abgewandelt mit eigenen Übungen) an.

4. Woche	Anzahl der durchgeführten Übungen zu Hause / in der Schule				Protokoll	
	Ruhe/ Schwere; Meine Mitte	PME; Rücken-strecker	Ziffer-blatt; Augen-entspan-nung	Eigene Lieb-lings-übung	Selbst-entspan-nung in der Schule	Unterrichtspausen zur Erholung genutzt? Übungswirkung, Anmerkungen
Mo morgens						
mittags						
abends						
Di morgens						
mittags						
abends						
Mi morgens						
mittags						
abends						
Do morgens						
mittags						
abends						
Fr morgens						
mittags						
abends						
Sa morgens						
mittags						
abends						
So morgens						
mittags						
abends						

Beliebte Extras:
Übungen für schwere Zeiten

Das Autogene Training erlernt man am besten, wenn der Stress gerade nicht allzu groß ist. Es kann also sein, dass Sie etwas Mühe haben, sich auf innere Bilder oder die Empfindung von Schwere und Wärme zu konzentrieren, wenn Sie gerade extreme Belastungen zu bewältigen haben. Das sind Zeiten, in denen Ihnen AT sehr helfen kann, sie sind jedoch nicht besonders günstig für das Training.

Damit Sie das Programm der 4. Woche dennoch fortsetzen können, möchte ich Ihnen drei weitere Lieblingsübungen meiner Kursteilnehmer für besonders belastende Zeiten vorschlagen.

Setzen Sie aber bitte das „Normalprogramm" weiter fort, sobald Ihre besonderen Belastungen abgenommen haben.

Ich weiß nicht, ob es besser wird wenn es anders werden wird: aber so viel ist gewiss, dass es anders werden muss, wenn es gut werden soll. (Georg Christoph Lichtenberg)

Entgegen der herkömmlichen falschen Auffassung („Wenn ich ganz still liege, muss der Schlaf doch kommen") eignet sich die folgende Bewegungsübung ganz vorzüglich auch als „Einschlafhilfe" bei langem, grüblerischem, steif verspanntem Wachliegen. Dazu werden im Liegen die Beine angewinkelt aufgestellt, dann werden die Füße ein wenig angehoben. Zum Einschlafen wird die abschließende Rücknahme weggelassen.

Hier aber zunächst die Übung im Sitzen:

L 13: Verrostung wegrollen

Dauer: 2 Minuten

Bei dieser Übung kann es hörbar in einigen Gelenken „knirschen", als wären sie völlig verrostet. Das „Knirschen" an sich ist ungefährlich, zeigt Ihnen aber an, dass es für ausgiebige Gelenkbewegungen allerhöchste Zeit wird! (Ablagerungen aufgrund ungenügender „Schlacken-Abfuhr".) Bei kontinuierlicher Übung (besserer Lymphtransport, bessere Durchblutung) müsste das Knirschen langsam abnehmen.

a In bequemer Sitzhaltung werden die Füße leicht angehoben, so dass sie aus den Gelenken heraus bewegt werden können: 3 x von oben nach unten, 3 x von rechts nach links, 3 x im Kreis jeweils in beiden Richtungen.

b Bei der Wiederholung werden die Handgelenke mit gleicher Bewegungsfolge hinzugenommen.

c Die Anzahl der Gelenkbewegungen kann von Tag zu Tag erhöht werden. Bei eventueller Wiederholung im Stehen können auch die Kniegelenke, die Hüften und die Schultern mit in die Bewegung einbezogen werden.

Entwickeln Sie für diese Bewegungen ein eigenes Vorstellungsbild, z. B. Rudern, Tretbootfahren o. Ä.

Bitte nicht den Kopf mitdrehen. Sie können allerdings hier gut die „Ja/nein/Vielleicht"-Übung anschließen (L 3a).

d Beenden Sie diese Übung mit einer kurzen Erholungspause, in der Sie sich bewusst machen, dass jedes Ihrer Gelenke jetzt wieder besser durchblutet wird und beweglicher geworden ist.

e Rücknahme: Räkeln und strecken Sie sich danach ausgiebig und führen Sie ihre alltäglichen Aktivitäten durch, indem Sie immer wieder Gelenkbewegungen aller Art einschieben.

L 14: Immer an der Wand lang
(Rückenschulung, Yoga)

Dauer: 3 Minuten

Anstelle eines Mittagsschlafes eignet sich diese kurze Übung vorzüglich, um die Beine nach langem Stehen am Schulvormittag zu entlasten, um einem Lymphstau entgegenzuwirken und um rasche Erholung herbeizuführen.

Im Bett oder auf der Yogamatte liegend werden beide Beine in die Höhe gestreckt und parallel nebeneinander gegen die Wand gelehnt. Mit Hilfe der Gesäßmuskulatur „wackeln" Sie sich so weit der Wand entgegen, dass Sie noch angenehm liegen können. Bitte nicht dabei anstrengen, es geht um ein entspanntes Anlehnen der Beine gegen die Wand.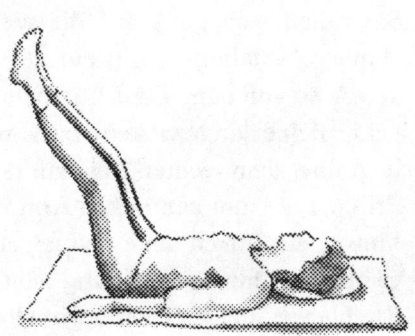

Ruhen Sie sich einige Minuten in dieser Stellung aus (evtl. Kissen unter den Kopf legen). Dabei können Sie
- auf Ihr Ausatmen achten,
- die Wärmeentspannung „Meine Mitte" durchführen,
- Ihrer Lieblingsmusik lauschen oder ein paar Seiten in Ihrem Roman weiterlesen,
- einfach nur einen kurzen Tagtraum genießen...

Ausstieg: Mit den Gesäßmuskeln langsam von der Wand zurückrutschen, zuerst auf die Seite legen und dort zwei Atemzüge verweilen... So den Kreislauf auf das „Hochkommen" vorbereiten. Sehr langsam aufstehen, ausgiebig räkeln, AT-Rücknahme.

L 15: Blockade lösen
(Körperwahrnehmung mit Atemkonzentration)

Dauer: 3 Minuten

a Vergegenwärtigen Sie sich zuerst den augenblicklichen Zustand der Anspannung im Rücken- und Brustbereich.

b Sie liegen auf dem Rücken, Beine parallel nebeneinander angewinkelt aufgestellt, die Arme rechts und links weit ausgebreitet (Handflächen zeigen nach oben).

c Sie rollen sich ganz auf die rechte Körperseite und nehmen die „Embryo"-Stellung ein (Kopf auf ausgestrecktem rechten Arm, linker Arm vor dem Kopf auf dem Boden abgelegt). Dabei klappen beide Beine (angewinkelt) nach rechts auf den Boden (linkes Knie liegt über dem rechten Knie auf dem Boden auf).

d Bringen Sie nun den linken Arm in großem Bogen über Ihren Kopf hinweg zur linken Seite und lassen ihn sanft so weit absinken, wie es ohne Schmerzempfindung möglich ist.
(Drehbewegung im Lendenwirbelbereich, vorrangig Dehnung der Brust- und Rückenmuskulatur). Bei zu großer Anspannung im Brustbereich kann der Winkel zwischen Knien und Brust vergrößert werden (Füße mehr nach unten schieben). Falls Ihnen die Übung sehr leicht fällt und Ihr linker Arm/Ihre linke Schulter schon den Boden berühren, können Sie die Dehnung dadurch steigern, daß Sie das obere Knie „fixieren", indem Sie die linke Wade oder den linken Fuß noch unter das rechte Knie schieben.

e Spüren Sie nach, wie die gedehnte Muskulatur sich langsam mit jedem Ausatmen weiter und weiter entspannt, so dass der linke Arm und die linke Schulter immer weiter absinken.
Können Sie die zunehmende Entspannung bei jedem Ausatmen wahrnehmen? (ca. eine halbe Minute)

f Kommen Sie wieder zur Mitte zurück und führen Sie die Übung zur anderen Seite hin durch: Lassen Sie beide Beine und beide Arme entsprechend zunächst zur linken Seite absinken, rechtes Bein unter linkem Knie fixieren, rechten Arm dann in großem Bogen nach rechts führen; muskulärer Entspannung beim Ausatmen nachspüren.

g Legen Sie sich wieder in die Mittellage (auf dem Rücken) und lassen Sie Ihr Ruhebild entstehen (oder schließen Sie die Wärmeübung „Meine Mitte" an).

h Wiederholen Sie die ganze Übung noch einmal.

i Kehren Sie in eine entspannte Liegehaltung zurück und vergleichen Sie Ihr Körpergefühl mit dem Zustand vor der Übung. Lenken Sie Ihre Aufmerksamkeit ganz auf die Wahrnehmung in Ihren Muskeln und nehmen Sie wahr, wie diese muskuläre Entspannung sich anfühlt.

j Danach gründlich räkeln und langsam über die Seitenlage wieder aufstehen. Rücknahme.

Wenn Ihnen die Übung nach einigen Tagen zu leicht fällt, können Sie die Knie stärker zur Brust hin anwinkeln oder ausprobieren, das obenauf liegende Bein zu strecken und sich in dieser Lage sanft zu räkeln usw.

Fällt Ihnen dazu ein Vorstellungsbild ein, mit dem Sie diese Bewegungen begleiten können?

Sie können an diese Übung sehr gut die Übung L 10 „Eingerollt" (S. 110) anschließen und sich in dieser Position noch etwas ausruhen.

L 16: Ruhemantel
(Kombination aus QiGong und Autogenem Training)

Setzen Sie sich aufrecht auf einen Stuhl, die Füße schulterbreit auseinander auf den Boden gestellt. Legen Sie die Hände locker auf die Oberschenkel und „geSchNackEn" Sie. Lockern Sie Ihre Haltung etwas, so dass Sie eine Weile entspannt sitzen können.

1. Nehmen Sie wahr, wie Sie ganz von selbst stetig ein- und ausatmen, ohne dass Sie etwas dazu tun müssen. Machen Sie sich dabei bewusst, dass Sie Ihrem Atem vertrauen können, dass er Sie Tag und Nacht mit Sauerstoff versorgen wird. Nehmen Sie dabei die Rolle eines freundlichen Beobachters ein. Beobachten Sie mit heiterer Gelassenheit, wie Ihr Atem von selbst ein- und ausströmt.

2. Legen Sie nun eine Hand oben auf Ihren Kopf und lenken Sie Ihre Aufmerksamkeit auf diesen „Scheitelpunkt". (Hand dann wieder auf dem Oberschenkel ablegen.)

   Stellen Sie sich vor, dass von diesem Scheitelpunkt aus RUHE über Ihren Körper strömt: zuerst an beiden Seiten Ihres Körpers entlang über Schläfen, Ohren, Hals, Schultern, Außenarme bis hin zu den Fingerspitzen.

   Stellen Sie sich vor, wie diese RUHE langsam in den Fingerspitzen ankommt und sich dort sammelt.

   Wenn Sie mögen, können Sie ein Vorstellungsbild zu Hilfe nehmen: RUHE strömt wie angenehm warmes Wasser oder fließt wie Bahnen von anschmiegsamer Seide leicht an Ihrem Körper entlang oder schmiegt sich an Sie wie eine flauschige Decke.

3. Kehren Sie mit Ihrer Aufmerksamkeit wieder zu Ihrem Scheitelpunkt zurück und lassen Sie die von dort ausgehende RUHE über die ganze Vorderseite Ihres Körpers fließen – langsam über alle Partien Ihres Gesichtes, über Hals, Brust, Bauch, Beine bis hin zu den Zehen. Stellen Sie sich vor, dass sich die RUHE dort wieder sammelt.

4. Kehren Sie mit Ihrer Aufmerksamkeit wieder zu Ihrem Scheitelpunkt zurück und lassen Sie die ganze Rückseite Ihres Körpers von RUHE einhüllen: Hinterkopf, Nacken, Rücken, Gesäß, Beine bis hin zu den Fersen, wo sich die Ruhe wieder sammeln kann.

5. Sie sind nun ganz von RUHE umhüllt, wie von einem leichten Seidenmantel oder einer flauschigen Decke. Sie können sich sicher und geborgen in diesem Ruhemantel innerlich sammeln und erholen. Es

ist, als wäre zwischen Ihnen und der äußeren Welt ein Puffer. Vielleicht fühlen sie sich dabei wie ein frisch gebadetes Kind, geschützt im warmen Badetuch – oder wie ein Schmetterling, eingehüllt in einen schützenden Kokon, durch den die Sonne flimmert. Suchen Sie eine Vorstellung, die für Sie passt, und bleiben Sie einige Minuten in diesem „Mantel aus Ruhe".

6. Rücknahme: Richten Sie aus dieser Geborgenheit nun Ihre Aufmerksamkeit wieder nach außen. Arme fest – tief atmen – Augen auf.

Nach einigem Üben kann die Vorstellung, vollständig in RUHE eingehüllt zu sein, sich schon nach ca. einer halben Minute einstellen – selbst bei leicht geöffneten Augen. Daher lässt sich diese MINI seht gut auch im Lehrerzimmer, im parkenden Auto, in der Straßenbahn, während einer Klassenarbeits-Aufsicht durchführen. Sie ermöglicht ebenso wie „Meine Mitte" (L 7) auch bei sehr großer innerer Unruhe schnell eine tiefe Entspannung. Bei der Durchführung mit Schülern ist unbedingt auf eine sehr intensive Rücknahme zu achten.

Beliebte Extras	Anzahl der durchgeführten Übungen (zu Hause)				Protokoll	
	Verros-tung weg-rollen	Immer an der Wand lang	Blo-ckade lösen	Ruhe-mantel	eigene Lieb-lings-übung	Anmerkungen
Mo morgens						
mittags						
abends						
Di morgens						
mittags						
abends						
Mi morgens						
mittags						
abends						
Do morgens						
mittags						
abends						
Fr morgens						
mittags						
abends						
Sa morgens						
mittags						
abends						
So morgens						
mittags						
abends						

Fortführung als
eigenes Programm

Stellen Sie sich jetzt ein eigenes Entspannungsprogramm zusammen. Sie können sich dazu verschiedene Übungsfolgen aufbauen.

So können Sie z. B. an die Progressive Muskelentspannung gut die Schwere-Konzentration aus dem Autogenen Training anschließen, in die Wärmeentspannung „Meine Mitte" übergehen, sich dann neu mit dem Rückenstrecker aktivieren oder ganz eigene Lieblingsübungen einbauen. Und vielleicht wagen Sie es sogar, nach den angegebenen Prinzipien ganz persönliche Übungen zu entwickeln. Denken Sie daran, dass Sie immer von der Bewegung zur Ruhe kommen und sich zum Abschluss kurz wieder dynamisieren. In der Bewegungsphase (während der Entspannung der Grobmuskulatur) sollen möglichst viele Gelenke bewegt und die beiden Blockade-Zonen Schulter/Nacken und Lendenwirbelbereich gelockert werden.

Weiten Sie die MINIS – auch wenn Sie mehrere miteinander koppeln – insgesamt zeitlich nicht über fünf Minuten hinweg aus, bleiben Sie möglichst bei einem Drei-Minuten-Progamm und strecken Sie eher die Phase der Regeneration ganz am Ende des „Umschaltens".

Probieren Sie – ganz zum Spaß – auch die Schülerübungen für sich selbst aus oder schmökern Sie in den angegebenen weiterführenden Materialien (vieles davon ist in den Bibliotheken der Lehrerausbildungsseminare vorhanden).

Es ist sehr günstig, wenn Sie nicht lange Zeit verstreichen lassen, sondern am besten jetzt sofort Ihre derzeitige Lieblings-Übungsfolge stichwortartig (möglichst mit Skizzen) aufschreiben – zur regelmäßigen Erinnerung und zum „Einschleifen", aber auch für den Fall, dass mal wieder „schlechtere Zeiten" mit der stress-typischen gedanklichen Unbeweglichkeit kommen sollten.

Meine eigene MINI-Kombination

Meine Reihenfolge für vormittags ist:

....

....

....

....

....

Meine Reihenfolge für mittags ist:

....

....

....

....

....

Meine Reihenfolge für nachmittags ist:

....

....

....

....

....

Meine Reihenfolge für abends ist:

....

....

....

....

....

Vielleicht haben Sie Lust bekommen, nach diesem Einführungskurs zum „Umschalten" gemeinsam mit Freunden/Kollegen oder zum Kennenlernen anderer Menschen eines der beiden Standardverfahren (PME/AT) zu vertiefen oder eines der fernöstlichen Verfahren (Yoga, Tai Chi/Qi-Gong) kennenzulernen: Sie finden dazu viele Kurse in allen Städten (Lehrerfortbildung, VHS, freie Veranstalter). Doch denken Sie bei allen weiterführenden Überlegungen bitte daran: *Das Wichtigste an einer Entspannungsübung ist, daß man sie macht!*

Nimm dir Zeit zum Träumen;
es ist der Weg zu den Sternen.
(Irisches Sprichwort)

	Eigene Fortführung		Protokoll	
	Vormittags-folge	Mittags-übungen	Nachmittags-ablauf	Abendreihe
Mo				
Di				
Mi				
Do				
Fr				
Sa (Wdh. aus 1./2. Woche)				
So (Wdh. aus 3./4. Woche)				
Mo				
Di				
Mi				
Do				
Fr				
Sa (Wdh. aus 1./2. Woche)				
So (Wdh. aus 3./4. Woche)				
usw.				

MINIS zur Entspannung im Unterricht

Nicht nur Lehrer empfinden den Schulalltag als stark belastend – auch die Schüler sind angespannt – oft stehen sie noch zusätzlich aufgrund schwieriger außerschulischer Bedingungen unter psychischem Stress. Angespannte Lehrer machen keinen „lockeren" Unterricht, und angespannte SchülerInnen machen LehrerInnen das Unterrichten schwerer. Gelegentlich kann es gelingen, in geduldiger Zusammenarbeit mit Eltern und Kollegen einzelne stressauslösende Ursachen zu beheben. In der Regel müssen sich Lehrer aber entsprechend ihrer beruflichen Rolle bescheiden, den zum Teil sehr belasteten Kindern und Jugendlichen nur begrenzte Wege zum Abbau von Stress aufzeigen zu können. Es ist schon viel erreicht, wenn die SchülerInnen bemerken, dass sie selbst positiv auf ihre eigene Befindlichkeit einwirken können und dass dies gleichzeitig eine gute Basis für erhöhte Konzentration und Leistungssteigerung ist.

Im Prinzip können Sie alle Übungen, die Sie für sich selbst als angenehm und wirkungsvoll empfunden haben, auch für Ihre Schüler – in altersgemäß abgewandelter Form – verwenden. Wenn Sie selbst Ihr Trainingsprogramm für sich durchlaufen haben und die daraus gewonnenen Möglichkeiten zur Schnellentspannung für sich selbst als Gewinn empfinden, dann haben Sie genügend innere Sicherheit, das auch im Unterricht umzusetzen

Zusätzlich finden Sie hier einige im Unterricht bewährte Übungen, die ebenfalls, wie die vorigen, auf den bisher genannten Verfahren aufgebaut sind. Lassen Sie sich dadurch anregen, auch weiterhin in der gängigen Literatur zu schnuppern (siehe S. 171 ff.).

Bevor Sie eine ruhige Arbeitsphase beginnen oder wenn Sie starke Anspannung bei einigen Schülern bemerken, erinnern Sie sich bitte an die Ausführungen zu Beginn dieses Buches: Physische und psychische Anspannungen steigern den Muskeltonus und führen zu vielen Dysbalancen und nachfolgenden Veränderungen im Körper. Anspannungen lassen sich durch motorische Beeinflussung abbauen.

Alle Entspannungsübungen sollten demnach so gestaltet sein, dass zunächst die muskuläre Verspannung durch weitere gezielte Anspannung und dann durch den komplementären Prozess der Entspannung gelöst wird. Dabei wird die Aufmerksamkeit von der Bewegung zur Konzentration auf den eigenen Körper geleitet. Anschließend wird die Entwicklung von inneren Ruhebildern gefördert, so dass damit ein Umschalten des Stressmechanismus auf den Entspannungsmodus bewirkt und eine Kurzentspannung ermöglicht wird. Wenn die Ruhepause ausgedehnt wird, kann auch eine tiefere Regeneration stattfinden.

Die meisten der gängigen Übungen sind für Grundschule und Orientierungsstufe entwickelt worden. Einige davon machen aber auch älteren SchülerInnen viel Spaß. Probieren Sie aus, was für Ihre Klasse passt. Modifizieren Sie, ergänzen Sie oder erfinden Sie selbst ganz neu...

Da die Dauer der Übungen vom Alter, den Vorerfahrungen der Schüler und vom Klassenklima abhängt, sind hier keine Zeitangaben mehr vorgenommen worden. Grundsätzlich sind alle Übungen – in altersgemäßer Abwandlung – in allen Schulklassen durchführbar. Da vielen Kollegen hauptsächlich Übungen für die Grundschule bekannt sind, habe ich diejenigen Übungen, die gerade bei älteren Schülern (laut Angaben von Kursteilnehmern) besonders beliebt waren, im Verzeichnis auf Seite 135 gekennzeichnet.

Übersicht über die ergänzenden Übungen für Schülerinnen und Schüler (S):

** Diese Übungen waren auch bei älteren Schülern sehr beliebt.

S 1: Pferderennen
(Aufgreifen von Unruhe und Hinführung zur Ruhe)

Lehrer und Schüler sitzen im Kreis und ahmen die Geräusche und Bewegungen bei einem Pferderennen nach. Zuerst schlagen sich alle mit den Händen auf die Oberschenkel und sprechen dabei während des Spiels: „Ta-rab, ta-rab." (Auch schneller: „Trab-trab-trab" oder „Galopp-galopp-galopp".)

Zusätzlich gibt ein Schüler durch Zwischenrufe und Vormachen an, was jeweils zu tun ist:

„Rechtskurve"- Alle legen sich nach rechts.

„Linkskurve"- Alle legen sich nach links.

„Galopp" – Das Tempo wird verdoppelt, Schultern und Beine geraten mit in Bewegung.

„Sprung"- Alle stehen kurz mit erhobenen Armen auf.

„Sturz" – Alle stöhnen und lassen sich vornüberhängen.

„Überholen" – Alle jubeln.

„Abdrängeln" – Alle buhen.

„Sieg" – Alle stehen kurz auf, jubeln und schwenken die Arme.

„Auslaufen" – Das ta-rab klingt langsam aus, alle genießen einen Moment die Entspannung.

Die Liste kann durch beliebige weitere Geräusche und Bewegungen ergänzt oder unter anderer Thematik durchgeführt werden: Schlittenfahren, Inline-Skating, Wandern, Segeln usw. – evtuell im Zusammenhang mit einem Unterrichtsinhalt.

Die Übung ist besonders gut dazu geeignet, SchülerInnen die Anleitung und individuelle Ausgestaltung zu überlassen – so können auch Sie sich dabei entspannen.

S 2: Kraftprotz/Schlaffi
(auf Basis der Progressiven Muskelentspannung)

Der Lehrer trampelt als „Kraftprotz" durch die Runde und bewegt sich, während er den Text spricht, entsprechend der angegebenen Vorstellung. Alle machen mit.

Kaftprotz kann vor Kraft nicht laufen. Wie ein Sumo-Ringer stapft er durch die Gegend, hebt die Beine, lässt die Muskeln schwellen, gibt mächtig an, stößt dabei womöglich Urlaute aus. Immer stärker spannt er die Muskeln an, versucht die Sterne vom Himmel zu pflücken, zeigt Imponiergehabe.

Aber ach, seine Kraft ist nur begrenzt. Wenn er sich lange genug produziert hat, geht ihm die Puste aus, und er sinkt ganz langsam in sich zusammen. Er schlafft völlig ab. Die Arme hängen lose herab. Er ist weich wie Wackelpudding.

Aber wenn er sich erholt hat, dann beginnt er sein Spiel von neuem... (Beliebig oft wiederholen.)

...oder er steht langsam auf, geht ruhig an seinen Platz, schlägt sein Heft auf und...

(Nach REINARZ 1994: S. 152-155.)

S 3: Arme hoch
(auf Basis der Progressiven Muskelentspannung)

Alle Schüler nehmen bei gelockerten Schultern beide Arme hoch und räkeln sich dabei.

Es bieten sich zwei Varianten an:

a Wettbewerb: „Mal sehen, wer seine Arme eine Minute so oben lassen kann."

b altes Kinderspiel: „Alle Vögel fliegen hoch!"

Danach die Arme ausschütteln und auf die Oberschenkel legen.

Wichtig für den Ruhetonus ist das Nachspüren, wie sich die Entspannung ausbreitet und woran man das merken kann.

S 4: Tarzan
(Bewegung mit bildhafter Vorstellung)

Wie kannst du dich bewegen?

Lehrer oder Schüler sagen die Figur an und machen sie vor, die anderen bewegen sich entsprechend am eigenen Platz oder, falls möglich, durch den Klassenraum:

Du schreitest wie ein Pfau.

Du hüpfst wie ein Frosch.

Du stolzierst wie ein Storch.

Du springst wie ein Dressurpferd.

Du schleichst wie eine Raubkatze.

Du stampfst wie ein Elefant.

Du watschelst wie ein Seehund.

Du hackst Holz wie ein kanadischer Holzfäller.

Du dirigierst ein Orchester wie ein richtiger Dirigent.

Du teilst wie ein Riese die Wolken.

Du zeigst dich wie Tarzan.

Du entspannst dich wie ein Murmeltier (alle Schüler ruhen sich einen Moment aus).

Rücknahme.

Bei der Vorstellung des Riesen gehen alle Schüler wieder an ihren Platz zurück, recken und strecken sich und trommeln sich als Tarzan mit flachen Händen und kehligen Freudenlauten sanft auf die eigene Brust und auf die Schultern (evtl. auch weitergehendes Abklopfen des Körpers möglich). Dann einen Moment mit dem Kopf zwischen den Armen wie ein Murmeltier am Tisch entspannen.

S 5: Die Entdeckung der Stille
(bei Unterrichtsbeginn und nach Arbeitsabschnitten)

Dies ist eine Zusammenstellung pädagogisch bewährter Möglichkeiten, bei Unterrichtsbeginn Stille herzustellen:

- Bestimmte symbolische Signale (Ton, Handzeichen, etc.) für Ruhe, Arbeitsbeginn usw. vereinbaren;
- ruhige (klassische) Musik, während die Schüler hereinkommen;
- Zeit zur freien Verfügung zu Beginn (Möglichkeit zu Einzelgesprächen);
- ritualisierte förmliche Begrüßung der Schüler und abwarten, bis Ruhe ist;
- kurze Bewegungsübungen zur Anspannung/Entspannung, in eine Geschichte verpackt;
- bewusstes gemeinsames Atmen (Atemübungen, Atemgeschichten);
- Kopf auf die Bank legen, einen Moment die Augen schließen;
- Stille-Übungen und Konzentrationsspiele;
- Stuhlkreis/Erzählrunde;
- Phantasiereise;
- Ausmalen von Mandalas;
- einzelnen Klängen nachlauschen (Gong, Schlüsselbund, Finger an Glas ö. Ä.);
- Singen oder Musikhören;
- gegenseitige Massage mit „Igelbällen", Abklopfen nach der Übung S. 149 o. Ä.;
- Außengeräusche bewusst wahrnehmen (Lampen brummen, Uhren ticken, Autos hupen);
- speziellen Duft (Öl auf Duftlampe, Duftkerze etc.) wahrnehmen;
- Rücknahme.

S 6: Die Anspannung gegen alle Widerstände wegblasen
(Atementspannung)

Bei geöffnetem Fenster atmen alle im Stehen tief durch die Nase ein.
Die Lippen werden fest aufeinandergepresst, und gegen den Widerstand der Lippen wird die Luft herausgeatmet. Diese „bremsende" Haltung kann noch durch Ballen der Fäuste und eine „Kraftprotz-Haltung" verstärkt werden.
Beim Herauspressen der letzten Luft eines jeden Atemzuges lockert sich der ganze Körper.
Diese Übung soll mehrmals wiederholt werden. Die Aufmerksamkeit ist dabei nur auf das Ausatmen gerichtet.
Rücknahme.

S 7: Frei schwimmen
(von westlicher Gymnastik zu chinesischem QiGong)

Lockerer Stand, Beine in Hüftbreite auseinander, durch Räkeln oder Schwingen der Arme leicht lockern, „geSchNackEn".
Wir bewegen die Arme wie beim Brustschwimmen im Schwimmtempo. Nach zwei bis drei Zügen werden die Bewegungen ruhiger, die Konzentration wird jetzt ganz auf das Atmen ausgerichtet. Das Einatmen erfolgt, wenn die Arme nach hinten geführt werden; es wird ausgeatmet, wenn die Arme nach vorn kommen. Vor jedem neuen Schwimmzug wird einen Augenblick mit ausgestreckten Armen innegehalten. Dabei zeigen die Fingerspitzen nach oben.
Mit der weiteren Verlangsamung der Schwimmbewegungen und der Konzentration auf das vollständige Ausatmen kann das innere Bild des Schwimmens im Sommer in ruhigem, warmem Gewässer hinzugenommen werden oder die Vorstellung, sich von Belastungen freizuschwimmen usw.
Die Knie sind während aller Schwimmbewegungen locker, der Rücken bleibt gerade, das Becken ist leicht gekippt wie bei einer leichten „Steh-Sitzhaltung" („Entenpopo"). Die Bewegungen sind fließend und erfolgen ohne Anstrengung mit lockeren Schultern.

Als Variation kann auch bei jedem Ausatmen ein großer Schritt mit einem Bein nach vorn gemacht werden (ohne zu federn tief in die Sitzhaltung gehen, hinteres Bein dehnen). Die ganze Klasse bewegt sich langsam im Kreis.

Diese Übung eignet sich auch als „Aufwach-Übung" zur ersten Unterrichtsstunde oder für den gemeinsamen Tageseinstieg auf Klassenfahrten (vor dem Frühstück in frischer Luft „freischwimmen").

Rücknahme.

S 8: OM
(Atementspannung)

Alle Schüler nehmen einen lockeren Stand ein, „geSchNackEn" und legen dann eine Hand auf den oberen Brustkorb und die andere Hand auf die Schädeldecke. Jeder versucht, einen tiefen Ton zu machen, bei dem der gesamte Brustkorb ins Vibrieren gerät. Wir benutzen dafür die Silbe „OM". Bei dieser Silbe handelt es sich um ein indisches „Mantra", aber mit der spirituellen Bedeutung wollen wir uns hier nicht auseinandersetzen. Wir nutzen nur den Effekt, den diese Silbe für die Entspannung hat. Es sind grundsätzlich auch andere Übungssilben möglich – probieren Sie aus, was Ihnen am besten gefällt.

Ist die „richtige" Tonfrequenz gefunden, vibriert beim ersten Drittel der Ausatmung auf „O" der gesamte Brustkorb, beim letzten Drittel auf „M" vibriert spürbar die Schädeldecke, was leicht mit der aufgelegten Hand überprüft werden kann (danach Hände wieder herunternehmen).

Wir können uns vorstellen, wir sind behäbige Urtiere oder große Dampfer, die bei Nebel mit dem Signal „OM" auf sich aufmerksam machen, um Zusammenstöße zu vermeiden.

Mit diesem tiefen Ausatmungston „OM" schreiten alle langsam und behäbig, jetzt mit locker hängenden Armen und gelockerten Schultern, im Raum herum und sprechen immer wieder ihr tiefes „OM".

Der Ton soll dabei nicht in der Kehle, sondern im vorderen Gaumenbereich, wie „vor den Lippen schwebend", gebildet werden, um die Stimmritzen zu entkrampfen.

Rücknahme.

Diese Übung wirkt sehr beruhigend und hat eine anregende Wirkung auf die Funktion von Lunge und innersekretorischen Drüsen. Sie ist sehr gut auch für Lehrer als Vorbeugung gegen Heiserkeit und Stimmritzen-Krampf geeignet. Also: Mitmachen! (Eventuell auch auf dem Fahrrad oder im Auto auf dem Nachhauseweg.)

S 9: Boot
(Entspannung mit Hilfe von Phantasiegeschichten auf der Basis des Autogenen Trainings)

Du bist auf dem Meer in einem Boot –
du liegst im Boot, spürst den warmen Boden aus Holz –
der Geruch des Holzes, sonnenwarm, ist angenehm –
du spürst das sanfte Schaukeln des Bootes –
auf und ab – auf und ab –
du spürst deinen Atem dem Rhythmus gleich –
auf und ab – ist ein und aus –
Ruhe ist in dir –
du bist schwer, warm, gelöst und ruhig –

du hörst die Wellen leicht gegen das Boot klatschen –
das Plätschern ist beruhigend –
du bist ganz ruhig und entspannt –
du hörst das Rauschen des Meeres –
riechst du das Meer?
du schaust zum Himmel –

siehst du Wolken?
du lässt dich treiben –
du bist ruhig, gelöst, entspannt –
es gibt nichts, was dich stört –
du fühlst dich wohl in deiner Haut –
du bist ganz ruhig und völlig entspannt –

Rücknahme

(MÜLLER 1990: S. 41)

S 10: Freund-Feind-Spiel

Bei dieser Übung geht es um unsere Erwartungen und wie sie unser Gefühl und unsere Körperhaltung beeinflussen. Wichtig sind dabei vor allem die Zusammenhänge zwischen Gefühl und Haltung. Die Übung wird mit geschlossenen Augen durchgeführt. Verletzungsgefahren beseitigen!

„Ich möchte dich zu einem Experiment einladen, bei dem du fühlen kannst, wie dich deine Erwartungen körperlich beeinflussen. Achte auch auf Zusammenhänge zwischen deiner Körperhaltung und deinem Gefühl. Schließ die Augen und geh langsam, schweigend durch den Raum... Stell dir nun vor, dass alle anderen deine Feinde sind. Versuche, Berührungen unbedingt zu vermeiden. Falls du doch an jemanden stößt, suche sofort das Weite...
Spüre, wie sich dein Körper anfühlt. Welche Körperhaltung hast du? Wo bist du verspannt? Wie fühlst du dich? Geh weiter so durch den Raum (ca. 3 Minuten).
Nun stell dir vor, dass dir die anderen gleichgültig sind. Wie die Wand. Wenn du jemanden berührst, macht es nichts, es ist egal, du gehst weiter... Achte darauf, wie dein Körper sich jetzt anfühlt, wie du dich fühlst (ca. 3 Minuten).
Jetzt stell dir vor, dass alle anderen deine Freunde sind. Du freust dich, wenn du jemanden triffst, du begrüßt ihn, zeigst ihm deine Freude, du verabschiedest dich aber auch wieder... Wie fühlt sich dein Körper, dein Gesicht jetzt an? Wie fühlst du dich? Was hat sich alles verändert?" (Ca. 3 Minuten)

Rücknahme, Gesprächsrunde.

(MITTERMAIR 1985: S. 66)

S 11: Haustier
(Rätselphantasie)

Die Identifikation mit einem schlafenden, glücklichen Tier, das an seinem Lieblingsplatz liegt, hilft kleineren Kindern, innerlich zur Ruhe zu kommen und sich zu regenerieren.

„Stell dir vor, dass du irgendein weiches, wolliges Haustier bist. Du liegst auf einem kleinen Teppich, vielleicht in der Nähe der Heizung, am Ofen oder beim Feuer eines Kamins, ganz gemütlich und geborgen... Du schläfst friedlich an deinem Lieblingsplatz, und ein weiches, dichtes Fell hält dich warm, während du schläfst... Die Geräusche, die du hörst, kommen ganz, ganz leise an dein Ohr. Du bist so zufrieden, während du da liegst. Was bist du?...

Auswertung
- Wie hat mir das Spiel gefallen?
- Wo habe ich als Haustier meinen Lieblingsplatz?

(VOPEL 1996: S. 38)

S 12: Jeder macht Fehler
(Phantasiereise mit entlastender Formel)

Dies ist eine wunderbar einfache und für viele Kinder wichtige Phantasie, gerichtet gegen die zunehmende Plage des Perfektionismus.

Während du bequem am Boden liegst, kannst du ein wenig zurückdenken an eine Gelegenheit, wo du einen Fehler gemacht hast, an etwas, was du nicht so gut gemacht hast, wie du es eigentlich möchtest...
Vielleicht ist der Fehler heute geschehen, vielleicht vor ein paar Tagen. Vielleicht hast du etwas kaputtgemacht oder vielleicht hast du etwas in einer Weise gemacht, die dir dann selbst nicht gefiel. Vielleicht hast du jemanden verletzt... Denke an irgendeinen Fehler, den du gemacht hast, ohne dass du auf dich „ärgerlich" wirst... Stell dir vor, dass du einen riesengroßen Schwamm nimmst oder ein dickes Radiergummi, mit dem du diesen Fehler wegwischst, und beobachte, wie alle Fehler

verschwinden. Jeder dieser Fehler ist vergangen... Und nun sag zu Dir selbst und denke dabei nach und fühle, was du sagst: „Jeder macht Fehler"... Und dann sag diesen kurzen Satz noch einmal. Nimm dich selbst liebevoll in den Arm und sage leise in deinem Herzen: „Es ist viel leichter, nicht perfekt zu sein."

Auswertung
• Wie hat mir das Spiel gefallen?
• Was ist mir dabei durch den Sinn gegangen?

(VOPEL 1996: S. 89)

S 13: Phantasiereise mit Klängen

Die folgende Phantasiereise kann entweder durch sehr ruhige Musik begleitet werden oder auch durch das monotone, begleitende Anschlagen von Klangschalen oder wohlklingenden Gongs. Zuvor sollten die Schüler mit den Instrumenten vertraut gemacht werden.

Bequeme Lage oder Sitzhaltung, Kleidung lockern, räkeln, grobe Muskelentspannung.
Vor der Übung „Bremse" (Rücknahme) erklären. Augen schließen.
Du setzt dich bequem hin und atmest ruhig ein und aus. Ein und aus.
Schließ die Augen und entspanne dich. Ruhe kommt ganz von selbst.
Du fühlst dich hier in der Klasse geborgen und sicher.
Wenn ich nun gleich die Klangschale anschlage, tragen die ersten Töne Ärger und Sorgen von dir fort. Du hast dann den Kopf frei zu träumen.
Ding, dong. –
Mit den weiteren Klängen kommt Ruhe in diesen Raum. Du kannst die Ruhe, die von diesen Klängen ausgeht, in dich aufnehmen...
Dong – dies ist der Ruheton.
Dieser Klang bringt Ruhe und Entspannung.
Dein Atem geht ruhig und gleichmäßig.
Ruhe kommt ganz von selbst.
Ding – mit den Klängen kommt ein Bild in dir auf:

Du sitzt auf einer Wiese mit großen bunten Blumen. Es ist ein schöner Sommertag. Die Sonne scheint angenehm warm. Du spürst ihre Wärme auf deiner Haut. Es ist eine angenehme, wohlige Wärme.

Dong – vor dir liegt ein kleiner Teich. Du sitzt in dieser ruhigen Gegend und du schaust über das glitzernde Wasser.

Ding – die farbigen Lichttupfer der Sonnenstrahlen tanzen auf dem Wasser.

Dong – du spürst, wie sich mit den Klängen nach und nach ein Gefühl von Sicherheit und Entspannung ausbreitet.

Du bist angenehm ruhig, gelöst und entspannt.

Ding, dong – du genießt es, diese Klänge zu hören.

Ruhe kommt ganz von selbst...

Und langsam kommst du mit deiner Aufmerksamkeit wieder in diesen Raum zurück.

Rücknahme (Arme fest – tief atmen – Augen auf).

Vorschlag für eine Verlängerung oder Variation:
Neben dir liegt ein kleines Stück Holz. Du hebst es auf und wirfst es weit ins Wasser.

Dong – dort, wo das Holz auf das Wasser auftrifft, breiten sich gleichmäßige Wellen aus.

Du kannst beobachten, wie sich diese Schwingungen langsam ausbreiten. Sie verteilen sich über den ganzen See.

Dong – du wiederholst diesen Vorgang – das ist ein wunderbares Spiel.

Das Wasser gerät durch dein Holzstück in Schwingung, und die Wellen breiten sich bis zu dir hin aus.

Dong – du freust dich über diesen Vorgang.

Dong – auch du selbst kannst jetzt mit den Klängen mitschwingen. Es ist ein spielerisches Mitschwingen, und du genießt diesen Zustand.

S 14: Zuflucht
(Ruhe-Einstellung auf Basis des Autogenen Trainings, ggf. Untermalung mit Musik)

Schließt die Augen und konzentriert euch ganz auf eure Atmung. Spürt ihr, wie die Luft durch eure Nase ein- und ausströmt? Stellt euch dabei vor, dass sich euer Körper bei jedem Ausatmen immer mehr entspannt. (Pause)

Gut. Stellt euch jetzt vor, dass ihr euch auf einer Reise durch Zeit und Raum zu einem Ort befindet, der eure Zuflucht sein wird.

Dieser Zufluchtsort ist ganz sicher. Er ist einfach, aber wunderschön. Er kann sich irgendwo in der Natur befinden, in den Bergen oder an der See, es kann euer Zimmer zu Hause sein oder irgendein anderer Ort, den ihr wählt und an dem ihr euch sicher und geborgen fühlt.

Macht euch jetzt auf den Weg dorthin und erfahrt die Farben, Strukturen, Gerüche, Klänge und die Gefühle, die euer Körper dort hat. Ihr habt mehrere Minuten Zeit. Es ist all die Zeit, die ihr braucht, um euch an eurem Zufluchtsort zu entspannen. (3 Minuten Pause.)

Jetzt ist es an der Zeit, hierher zurückzukehren. Ihr bringt ein Gefühl der Sicherheit und der Geborgenheit mit zurück, das ihr dort an eurem Zufluchtsort erfahren habt. (Ihr seid jetzt bereit, darüber zu schreiben oder ein Bild zu malen.) Gleich werde ich bis fünf zählen. Öffnet die Augen, wenn ich bei fünf angelangt bin, und ihr werdet entspannt und hellwach sein.

Eins... zwei... drei... vier... fünf.

Anmerkung: Als musikalische Begleitung dieser Übung eignet sich gut „Sojourn: Music of the Spirit for Piano and Orchestra/Gymnosphere: Song of the Rose" o. Ä.

(MURDOCK 1987: S. 161 f.)

S 15: Zeitreise
(Phantasiereise)

Schließt die Augen und macht es euch in eurem Stuhl bequem, so dass ihr einige Minuten in dieser Position sitzen bleiben könnt...

Achtet darauf, wie ihr durch die Nase ein- und ausatmet...

Wenn ihr auf euren Atem achtet, werdet ihr feststellen, dass ihr euch sehr entspannt, und trotzdem seid ihr hellwach...

Lasst jetzt alle Gedanken und Erwartungen, die ihr vielleicht habt, los, und lasst eurer Phantasie freien Lauf...

Stellt euch vor, dass ihr diesen Raum verlasst. Vor euch steht eine Zeitmaschine. Lauft einmal um die Zeitmaschine herum, achtet auf ihre Form und auf die Steuerungsvorrichtung. Ihr steigt in die Maschine und stellt die Steuerung auf eine Zeit ein, die viele Jahre zurück oder viele Jahre später in der Zukunft liegt. Wenn ihr die Steuerung auf die gewählte Zeit einstellt, fühlt ihr, wie ihr ganz leicht angehoben und in diese Zeit transportiert werdet...

Während ihr auf dem Weg seid, scheint sich Licht um euch herum zu drehen... und wenn ihr landet, könnt ihr ein neues Land erforschen. Ihr seht euch die Landschaft an und die Lebewesen dort. Wenn es in dieser Welt Lebewesen gibt, versucht, zu ihnen Kontakt aufzunehmen und herauszufinden, wie ihre Kultur ist, ihr Familienleben, was sie essen und wie sie leben...

Wenn es dort Musik gibt, könnt ihr ein Lied aus ihrer Welt mitbringen. Achtet auf ihre Kunst. Vielleicht möchtet ihr euch eine bestimmte Person oder ein bestimmtes Wesen aussuchen und einige Zeit mit ihr/ihm verbringen. Jetzt habt ihr etwas Zeit, um Forschungen in der Welt, in der ihr euch jetzt befindet, zu betreiben. Ihr habt all die Zeit, die ihr braucht, denn ihr könnt Tage, Wochen, Monate oder sogar Jahre dort verbringen, bevor ihr wieder zurückkehrt...

(Nach zwei bis drei Minuten:) Jetzt wollen wir diese Welt wieder verlassen und in die Zeitmaschine einsteigen. Vielleicht möchtet ihr den Wesen, mit denen ihr Freundschaft geschlossen habt, sagen, dass ihr sie wieder einmal besuchen werdet. Stellt die Steuerung auf die Gegenwart ein und kehrt sicher wieder in diesen Raum zurück.

Wenn ihr eure Augen öffnet, könnt ihr euch an alles erinnern, was ihr gesehen und gefühlt habt, in allen Einzelheiten, und ihr könnt aufschreiben, was ihr auf der Reise erlebt habt.

Ich zähle bis zehn, und wenn ich bei sechs angelangt bin, zählt ihr mit. Wenn ihr eure Augen bei „zehn" öffnet, fühlt ihr euch hellwach und erinnert euch an alles.
Eins... zwei... drei... vier... fünf... sechs... sieben... acht... neun... zehn.

Diese Übung kann man einmal pro Monat wiederholen, damit die Kinder die Möglichkeit haben, mehr über das Leben in der Welt, die sie besucht haben, zu erfahren. So gewinnt man ideenreiches Diskussionsmaterial für Gespräche über Familienstrukturen, Transportsysteme, Nahrung, Umwelt, Musik und Kommunikation. Diese Übung eignet sich besonders für ältere Schüler, aber sie kann auch schon mit jüngeren Kindern durchgeführt werden.

(MURDOCK 1987: S. 35 ff.)

S 16: Es regnet
(Aktivierung/Entspannung)

Nach anstrengender Arbeit kann mit der Darstellung eines heftigen Regens oder Gewitters Entlastung geschaffen und zur Ruhe übergeleitet werden. Zuvor können Sie mit den SchülerInnen im Unterricht über entsprechende Beobachtungen und deren spielerische Darstellung ohne fremde Hilfsmittel nachdenken.

Ein immer kräftiger werdender Regen kündigt sich mit einzelnen Regentropfen an: Die Schüler klopfen sich selbst oder einander gegenseitig sanft die Arme mit den Fingerspitzen ab.
Starker Regen: Abklopfen von Armen und Beinen mit den Handflächen, auf die Brust trommeln mit den Fäusten.
Sturzbäche: Scharren mit den Füßen.
Wind: Mit den Armen schwingen o. Ä...
Heraufziehendes Gewitter: Trampeln mit den Füßen, ggf. Blitze, Donner usw.
Das Gewitter endet, der Regen zieht ab: ruhiges leichtes Streichen der Arme und genussvolles „Schnuppern" der klaren Luft; räkeln und tief ein- und ausatmen.)

In dieser ruhigen Phase können sich die SchülerInnen auch auf die frische Luft oder die Vorstellung der hervorkommenden Sonne konzentrieren.

Das Spiel kann zu zweit im eigenen Rhythmus oder als Gruppe mit Spielleiter gespielt werden. Es kann auch inhaltlich abgewandelt werden, z. B. als „Pizza formen" (dem Nachbarn den Rücken kneten), „mit Salami belegen" (mit der flachen Hand Arme und Beine abklatschen) „mit Oliven belegen" (vorsichtig mit den Fingerspitzen Kopf und Körper abklopfen), „mit Parmesan bestreuen" usw... Zum Schluss: genüsslich verdauen (Bauch reiben) und davon ausruhen.

Rücknahme.

Freude – schöner Götterfunken

Wenn Ihnen das schnelle Umschalten inzwischen in Fleisch und Blut übergegangen ist, dann sind Sie soweit, gelegentlich Ihre Entspannungsphasen zu einer vertieften Entspannung zu erweitern, ohne dass Ihre innere Uhr die notwendigen Kurzentspannungen verlernt.

Vielleicht haben Sie inzwischen auch die eine oder andere alte belastende Einstellung oder Verhaltensweise „so nebenbei" aufgeben können, oder Sie sind gerade dabei, dies zu versuchen. Sehr oft wird schon mit einer kleinen Veränderung das ganze System eines bisher rigiden Verhaltensmusters angestoßen.

Das Nachdenken über die „Freude" soll dazu ein Anstoß sein. Vielleicht helfen Ihnen meine Überlegungen auch, eigene Möglichkeiten für Ihre Entspannung zu finden oder in einer kollegialen Runde (Supervision, Gesundheitszirkel, Pädagogischer Tag etc.) Gleichgesinnte für eine Fortführung dieser „Anti-Stress-Philosophie" an Ihrer Schule zu finden.

Kräftigung Ihrer Widerstandsressourcen

Unser Leben ist recht kompliziert: Das Schulleben ist anstrengend, der Schulleiter manchmal ungerecht, die Unterrichtssituation häufig erschöpfend. Gerade deshalb müssen Lehrer in der Lage sein, Enttäuschungen, Resignation und Pessimismus aufzulösen, sich wenigstens zeitweilig eine positive „Pause" zu gönnen, damit ihr Immunsystem Kräfte sammeln kann und die persönliche Lebenskraft erhalten bleibt. Ohne Elan und Genuss hat das Immunsystem große Schwierigkeiten, unser Leben zu schützen und unsere Gesundheit zu bewahren. Wir brauchen immer wieder Signale der „seelischen Aufheiterung", damit wir wenigstens von Zeit zu Zeit sagen können: Das Leben ist schön.

Endorphine –
unsere „Stress-Stopper"

Unser Gehirn ist in der Lage, unter bestimmten Voraussetzungen eine körpereigene „Droge", das Hormon Endorphin, selbst zu produzieren (man muss also nicht pfundweise Schokolade essen...).

Durch die Ausschüttung dieses Hormons kann das „Abrutschen" in Gefühle von Traurigkeit oder Hilflosigkeit kurzfristig gestoppt werden. Unser Blick kann sich wieder weiten und wir können die gegebenen Umstände neu bewerten oder neue Perspektiven für die Veränderung unserer Lage entwickeln.

Dieses „Glückshormon" ermöglicht es, dass wir mental lockerer und entspannter werden. Entspannte Gelassenheit ist aber ein wichtiger Faktor, der der biologischen Alarmreaktion unseres Immunsystems entgegenwirkt.

Zum Glück lässt sich die Ausschüttung der körpereigenen Endorphine trainieren. Gesundheit ist also auch psychisch beeinflussbar. Ebenso wie Kränkungen krank machen können, so können positive Emotionen, Freude und Humor unsere Vitalität unterstützen. Darum ist es wichtig, dass wir unseren Blick auch auf die glücklichen Momente des Lebens richten und sie bewusst genießen.

Zu jedem Leben gehören auch Schmerz und Kummer. Das sind unvermeidbare Erfahrungen, nur sollen sie sich nicht dauerhaft „festhaken" und zu einem Empfinden von Hoffnungslosigkeit und Hilflosigkeit führen. Das immer neue Umschalten auf Entspannung und die gezielte Konzentration auf freudvolle Aspekte des Lebens hilft dann dabei, die fast schon „normalen" Alltagsverkrampfungen besser von einem emotionalen Zustand der Trauer und des Leides zu unterscheiden, der eine andere Form der Bewältigung erfordert.

Sicher gibt es in manchen Lebensphasen Zeiten, in denen Sorgen und Kummer derart überhand nehmen können, dass man sich über fast nichts mehr freuen kann. Dann kann die Vorstellung, selbst etwas für die eigene Gesundheit tun zu „müssen", und sei es durch Freude, möglicherweise als zusätzliche Anforderung empfunden werden. Kummer und

Leid sind natürliche Bestandteile unseres Lebens und erfordern eine angemessene und nicht eine beschönigende Verarbeitung. Bei großem Leid können Tränen nicht durch eine Entspannungsübung ersetzt werden. Es ist in solchen Zeiten auch legitim, von Freunden und Verwandten zu erwarten, dass diese einen liebevollen Rahmen bieten, in dem die langsame Verarbeitung der Trauer möglich ist.

Warnen möchte ich davor, Kummer und Trauer durch erhöhte Betriebsamkeit zu übertünchen. Kurzfristig kann selbsterzeugter Stress körpereigene Opiate erzeugen, die ein Gefühl der Stärke hervorrufen. Langfristig erschöpft diese Taktik aber unsere Energiereserven.

Wohlbefinden ist erlernbar

Verschiedene Experimente belegen, dass positive Emotionen direkte Auswirkungen auf unseren Stoffwechsel haben. So kann z. B. schon das herzhafte Lachen beim Ansehen eines witzigen Kinofilmes schlagartig das Immunsystem verändern: mit messbarer Zunahme der Abwehrzellen.

Wenn Sie Ihr psychisches Wohlbefinden und Ihre Genussfähigkeit im Alltag steigern, dann tun Sie etwas Grundlegenes zu Ihrer Gesunderhaltung. Zum Glück haben wir die Möglichkeit zu lernen, wie wir für unser Wohlbefinden sorgen können. Voraussetzung dafür sind:

- ein kognitives Verständnis für die Wechselwirkung von Gefühl und Gesundheit,
- die Wahrnehmung von genussvollen Aspekten unseres Lebens,
- das Eintauchen in angenehme Erlebnisse,
- die Reflexion dieses Erlebens, um „mehr davon" zu ermöglichen.

Elemente dieses „Wohlfühl-Trainings" sind schon in die Lehrerfortbildung (Gesunde Schule, Stressprävention, Supervision) und in den Unterricht, vor allem an Grundschulen, eingegangen (z. B. „Lernen mit allen Sinnen").

Bei manchen Lehrern ist aber die Fähigkeit, auch die positiven Aspekte des Schulalltags überhaupt wahrzunehmen, schon stark reduziert. So führt bei vielen Kollegen allein die Vorstellung, dass der langjährig ausgeübte Beruf noch „Freude" machen könnte, zu zynischen Bemerkungen. Wenn Sie bei sich eine ähnliche Tendenz spüren, dann ist es höchste Zeit, dass Sie Ihre Glücksbereitschaft trainieren. Wir können lernen, die ganz alltäglichen lustvollen Erfahrungen und kleinen Glücksmomente wiederzuentdecken.

Freude läßt sich nicht abrufen – aber es lohnt sich, frühzeitig und langfristig in „normalen" Zeiten in Freude zu „investieren" und die Wahrnehmung dafür zu kultivieren.

Glück kann „ganz von selbst" entstehen

Die Ausschüttung von Endorphinen geschieht im Körper ganz von selbst in Momenten des Glücks, des Genusses, der Freude – also immer dann, wenn wir uns sinnlich auf unsere Umwelt beziehen, wenn wir etwas sehr intensiv und genussvoll fühlen, schmecken, hören, sehen, riechen. Häufig sind wir aber in Stress-Situationen unseren eigenen Sinnen entfremdet. Während des Unterrichts hetzen wir häufig von Tätigkeit zu Tätigkeit, der „Stoff" steht vor allem in der Oberstufe im Vordergrund, Klassenarbeits- und Prüfungstermine drücken, viele Kollegen scheinen zeitweilig nur noch aus Kopf zu bestehen. Der sinnliche Kontakt zum eigenen Körper und zur Umwelt geht immer häufiger verloren.

Wir können uns aber trotz Hektik und Stress die Kraft unserer Sinne selbst zurückholen. So kann z. B.

- schon der Duft von Kaffee unseren Ärger etwas beiseite schieben,
- eine freundliche Stimme entkrampfend wirken,
- die deutliche Wahrnehmung des eigenen Körpers bewusst machen, dass ich noch ICH bin, mit all meinen Kräften und Fähigkeiten.

Für viele Kolleginnen und Kollegen hat die in angespannten Situationen angesteckte Zigarette häufig genau diese „Rückholfunktion" in die Sinnlichkeit, sie bietet die Kurzpause zur „Wiederherstellung nach dem Sturm". Viele Kolleginnen und

Kollegen haben bisher noch keinen neueren, gesünderen „Umschalter" auf Entspannung gefunden...

Wir können wirksame Stressprävention betreiben, wenn wir durch tägliche Wahrnehmungslenkung all die Dinge stärker bemerken, die uns guttun. Die bewusste Konzentration auf angenehme Begegnungen und auf positive Alltagserlebnisse ermöglicht positive Emotionen und, durch eine Beeinflussung des limbischen Systems*, ein Stoppen des Stressmechanismus. Außerdem bewirkt eine solche Haltung, dass wir auch für die Menschen in unserer Umgebung liebenswerter werden und – last not least – für uns selbst. Ein niedriger Stresspegel korreliert positiv mit einem guten Selbstwertgefühl.

Es geht also um die Schärfung der Sinne für die schönen „Kleinigkeiten" und „Extras" im Leben, für das, was Sie subjektiv am Tag als angenehm empfinden können. So wie Ärger, Trauer, Verbitterung, Resignation die Sinne abstumpfen, so kann die bewusste Konzentration auf einen winzigen angenehmen Aspekt einer Situation die Endorphin-Produktion anstoßen und somit die „Tür öffnen" für die Wahrnehmung real vorhandener, schöner, interessanter und freudevoller Aspekte des Daseins.

Mit dieser bewusst veränderten Wahrnehmung können auch neue Bewertungen von Personen oder Ereignissen einhergehen; mit einer optimistischeren Haltung können wir die Dinge oft anders gestalten und Probleme leichter lösen. Das wiederum macht neue Erfahrungen möglich, die für unsere Gesundheit förderlich sind.

Während Pessimismus und Stress oft einen Teufelskreis in Gang setzen, ermöglichen realistischer Optimismus und entspannte Wahrnehmung Offenheit und Entwicklung.

Anderer Fokus der Wahrnehmung
⇓
Verändertes Erleben
⇓
Neue Gestaltungsmöglichkeiten

W 10: Horrorklasse – Lieblingsklasse
(Wahrnehmungslenkung)

Bitte überlegen Sie: Mit welcher Körperhaltung, welchem Gesichtsausdruck, welchen Gefühlen betreten Sie den Klassenraum Ihrer „Horror-Klasse"?... (Vgl. dazu das Experiment S. 46 mit Anmerkung 5.)

Wie verändert sich Ihre Gefühlslage, Ihre Körperhaltung, Ihr Gesichtsausdruck, Ihre Ansprache der Schüler in der Klasse, in der sehr gut mitgearbeitet wird, in der einige ausgesprochen nette Schüler sitzen, in der Sie ein paar „Lieblinge" haben?...

Können Sie sich vorstellen, dass ein Beobachter diesen Unterschied bei Ihrem Hereinkommen in den Klassenraum bemerken würde?...

Wie „antwortet" die Klasse auf diese „Symptome" Ihrer eigenen Einstellung? Wie reagieren Sie selbst auf diese Antwort? Fällt Ihnen dazu eine entsprechende Szene ein?...

Gibt es in der Klasse, die Sie so anstrengt, auch einzelne „nette" SchülerInnen? Hatten Sie dort auch schon angenehme Momente?...

Probieren Sie ab morgen einmal aus, sich kurz vor dem Betreten dieser Klasse auf diese erfreulichen Erinnerungen zu konzentrieren und beobachten Sie, ob das eine Veränderung bewirkt. Vielleicht können Sie entspannter beginnen und so ein freundlicheres Klima zulassen.

W 11: Liebenswerte Kleinigkeiten
(Wahrnehmungslenkung)

Auch wenn die Zeiten im Moment für Sie nicht rosig sein sollten: bitte konzentrieren Sie sich einmal auf die „erträgliche" Seite Ihres Lebens. Gab es gestern irgendeine Kleinigkeit, die Ihnen Freude bereitet hat? Was war angenehm? Wo haben Sie etwas Erfreuliches erlebt? Wann haben Sie sich körperlich gut gefühlt?...

Um die erfreulichen Dinge des Lebens in schwierigen Zeiten nicht ganz zu vergessen, kann es hilfreich sein, sich diese Augenblicke zu notieren. Möglicherweise hilft Ihnen eine solche Bilanz auch, stressmindernde Situationen eher als bisher wahrzunehmen und häufiger zu nutzen oder sogar etwas in Ihrem Leben so zu verändern, dass Sie sich nicht so stark belasten lassen wie bisher.

Angenehm für mich war...

gestern: ....

....

heute: ....

....

Worauf freue ich mich schon, wenn ich an morgen denke? ....

....

....

W 12: Bilanz
(Wahrnehmungslenkung)

Vergegenwärtigen Sie sich eine Woche lang – am besten abends vor dem Einschlafen oder nach einer Ihrer Entspannungsübungen – was Sie zu Hause und in der Schule als angenehm erlebt haben, wofür Sie dankbar sein können.

Ziehen Sie nach einer Woche Bilanz: Was hat diese Wahrnehmungslenkung bei Ihnen bewirkt?

W 13: Meine Klasse
(Wahrnehmungslenkung)

Welche erfreulichen Erlebnisse fallen Ihnen ein, wenn Sie an die Klassen denken, in denen Sie unterrichten? (Z. B. gute Mitarbeit, besondere Leistungen, bemerkenswertes oder einfach nur angenehm normales soziales Verhalten, erstaunliche Entwicklungsschritte eines Schülers o. Ä.) Schreiben Sie für jede Klasse drei Stichworte zum Thema „Erfreuliches" auf und kleben Sie einen Zettel mit diesen Notizen in Ihren Lehrerkalender.

Weitere Anregungen: entspannende Freuden

Laden Sie einen Freund/eine Freundin, einen Kollegen/eine Kollegin ein und machen Sie sich einen gemütlichen Abend. Sammeln Sie („gemeinsam statt einsam") bei einem Brainstorming Aktivitäten und Situationen, die Ihnen in der Vergangenheit Genuss bereitet haben oder die Sie gern einmal neu ausprobieren möchten. Nehmen Sie sich einen großen Bogen Packpapier und schreiben Sie als Überschrift darauf: „Genießen und Entspannen". Dann notieren Sie bitte Ihre Ideen, locker und voller Vorfreude! Vielleicht stehen einige der folgenden Möglichkeiten auch auf Ihrer Liste:

- Kino-/Konzert-/Theater-/Opernbesuch,
- Kunstausstellung/Vernissage besuchen,
- essen gehen mit.../einladen lassen von...,
- ein ausgiebiger Badewannen-Abend mit Kerze und einem Glas Wein,
- Sauna-Abend,
- ausgiebig ausschlafen und dabei das Telefon abstellen,
- mich am ... um neue Bekanntschaften kümmern,
- mein altes Hobby ... wieder aufgreifen,
- tanzen/Musik hören,

- fremden Leuten zulächeln und deren Reaktion wahrnehmen,
- mich einen Nachmittag nur um meinen Garten/mein Haustier kümmern,
- in Ruhe und ohne Anlass ein besonderes Kochrezept ausprobieren,
- wieder einmal Karten spielen,
- meine alte Flöte, Gitarre, Klaviernoten herauskramen,
- mir endlich eine gemütliche Erholungsecke zu Hause einrichten,
- in Ruhe einen langen Brief schreiben,
- alte Dias/Fotoalben ansehen,
- mit ... in Erinnerungen schwelgen,
- mir selbst eine Rose auf den Schreibtisch stellen.

> *Ich habe mich entschieden,*
> *glücklich zu sein.*
> *Das ist besser für die Gesundheit.*
> *(Voltaire)*

Anmerkungen

1 Betrachtet man die kognitive Einflussnahme auf körperliche Prozesse, so wird angenommen, dass besonders die Gedanken, die mit Erlebnisinhalten verbunden werden, Emotionen auslösen (vgl. Zitronenexperiment S. 46). Unter der Einbeziehung der Hypothese von der physiologischen Wirkung starker Affekte (TIETZE 1980: S. 158 f.) kommt man dann zu der Annahme, dass physiologische Funktionsveränderungen aufgrund der Korrelation mit dieser emotionalen Erregung entstehen. – MITSCHERLICH (1974) spricht von einem Simultangeschehen, einem psychosomatischen Dualismus. Bei der Beziehung zwischen den Kognitionen, den Emotionen und den somatischen Prozessen scheint physiologisch die Reizung der Formatio reticularis* wesentlich zu sein: „Die Erhöhung der Aktivität im retikulären System bewirkt eine Anpassung aller Funktionen, der psychischen (Affekte), der vegetativen und der Hormone an eine erhöhte Aktivität des Organismus (...). Durch Veränderung jeweils einer Komponente beeinflusst man alle anderen mit." (HOFFMANN 1981: S. 87)

2 Vgl. „chronisch" im Glossar (S. 164).

3 In meinem Buch „Körperantwort" (LANGE-SCHMIDT 1989) habe ich das Zusammenwirken zwischen Psyche und Soma* sowie Individuum und Gesellschaft ausführlicher dargestellt und beschrieben, wie sich psychische und somatische Befindlichkeitsstörungen und schwere körperliche Erkrankungen als sinnvolle Antworten auf Störungen des bio-psycho-sozialen Gleichgewichtes entwickeln können und wie dabei Seelisches in Somatisches umschlägt.

4 Sie bestimmt z. B. (mit Hilfe der Regulation durch die T-Helferzellen und T-Suppressoren) die Anzahl der zu bildenden B-Lymphozyten, die die Antikörper herstellen können. Diese stehen in enger Verbindung mit den Makrophagen (Fresszellen), die Viren und krankes Gewebe vernichten und mit den „Killerzellen", die sogar Krebszellen zerstören können. Für „Fehler", die in diesem Abwehrkampf passieren können, sind vorrangig die im Thymus*, der wichtigsten „Steuerzentrale" der zellulären Immunität, ausgebildeten Zellen zuständig. Der Thymus hat im Wesentlichen in der Kindheit Bedeutung. Seine Funktion wird später auf das gesamte Lymphsystem* verlagert; der Thymus bleibt als Bindegewebsorgan zurück. Die Vorstellung von Botenstoffen im kindlichen Thymus ist wissenschaftlich gesehen kein Fakt, sondern wird zur Zeit diskutiert.

5 Wenn Sie wollen, dass Ihr Speichel fließt, wird vermutlich gar nichts geschehen, aber wenn Sie sich eine bildhafte Vorstellung machen, die Emotionen auslöst (wie angenehm, gleich ein schmackhaftes Essen zu genießen – wie ekelhaft, sauren Saft trinken zu müssen), passiert es; Bilder, d. h. die Vorstellung eines Sachverhaltes, können unser vegetatives Nervensystem bis hin zur Veränderung der Drüsentätigkeit beeinflussen. So können Sie z. B. bei der Vorstellung einer schweren Prüfung feuchte Hände bekommen, und bei der Vorstellung, gleich wieder in eine Klasse zu gehen, mit der Sie viel Ärger haben, kann schlagartig der Blutdruck ansteigen, Übelkeit aufkommen o. Ä.

6 So weist z. B. SROKA darauf hin, wie individuelle und gesellschaftliche Faktoren in wechselseitigem Zusammenhang stehen und wie schon das individuelle Verarbeitungsmuster für das Stresserleben gesellschaftlich bedingt ist.

7 Diese vegetativen Regulatoren (vegetatives Nervensystem und Hormondrüsen) gewährleisten die Konstanz des inneren Milieus (ph-Wert, Sauerstoffspannung, Temperatur usw.) und koordinieren die vitalen Funktionen (Atmung, Kreislauf, Stoffwechsel usw.). Aus diesem Zusammenhang wird deutlich, wieso umgekehrt durch Beeinflussung des Atmens ggf. auch Wirkungen auf das vegetative System ausgehen können.

8 Dieses Ergebnis beruht nicht nur auf Fragebogendaten, sondern wurde auch anhand psychophysiologischer Messungen und der Bestimmung der Katecholaminkonzentration gewonnen.

Das Gehirn

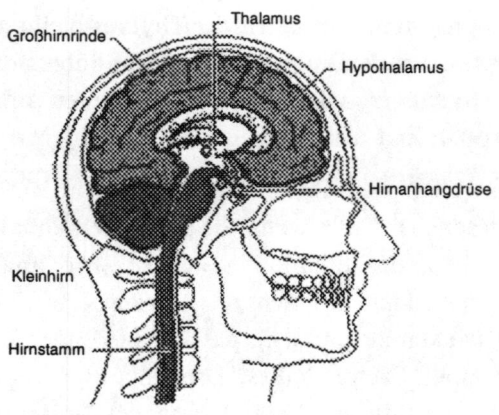

Das Gehirn ist die wichtigste Steuerzentrale des Körpers, in der Meldungen aus den Sinnesorganen (vor allem aus Gesichts-, Gehör- und Geruchssinn) aufgenommen, koordiniert und verarbeitet werden; von hier kommen Anweisungen an die Muskulatur.

Das Gehirn wiegt etwa 1300 g und besteht u. a. aus dem Großhirn mit zwei stark gefurchten Halbkugeln, die durch einen dicken Nervenstrang verbunden sind. Der stark gefaltete Teil des Großhirns ist die Großhirnrinde. Sie ist etwa 3 mm dick, besteht aus sechs verschiedenen Schichten (graue Substanz) und enthält rund 14 Mrd. Zellkörper der Nervenzellen. In den einzelnen Rindenfeldern lassen sich bestimmte Leistungen lokalisieren. Der Stirnlappen der Großhirnrinde steht in enger Beziehung zur Persönlichkeitsstruktur, der Hinterhauptslappen enthält Sehzentren, der Schläfenlappen Hörzentren. An der Grenze zwischen Stirn- und Scheitellappen liegen zwei Gebiete mit den motorischen Zentren für die einzelnen Körperabschnitte und einem Zentrum für Sinneseindrücke aus der Körpersphäre. Das Großhirn ist Sitz von Bewusstsein, Willen, Intelligenz, Gedächtnis und Lernfähigkeit. Zum Großhirn gehört auch das limbische System, das gefühlsmäßige Reaktionen beeinflusst.

Das Kleinhirn, das wie das Großhirn aus zwei Hemisphären besteht, ist vor allem für die Körperbewegungen zuständig; zudem ermöglicht es die Orientierung im Raum.

Zum Zwischenhirn gehören Thalamus* (Schaltstelle zwischen Peripherie und Großhirn) und Hypothalamus. Im Hypothalamus befinden sich verschiedene übergeordnete Zentren des autonomen Nervensystems, von denen lebenswichtige vegetative Funktionen gesteuert werden, so z. B. der Wärme-, Wasser- und Energiehaushalt des Körpers.

Im Hirnstamm, dem stammesgeschichtlich ältesten Teil des Gehirns, liegt das Steuerungszentrum für Atmung und Blutkreislauf.

Als Formatio reticularis bezeichnet man ein dichtes Netzwerk von Schaltneuronen mit einigen Kerngebieten, die sich über den ganzen Hirnstamm erstrecken; sie kann u. a. die Aufmerksamkeit ein- und ausschalten und den Schlaf-Wach-Rhythmus steuern.

Im verlängerten Mark kreuzen sich v. a. die Nervenbahnen des Pyramidenstrangs. In ihm liegen die Steuerungszentren für die automatisch ablaufenden Vorgänge wie Herzschlag, Atmung und Stoffwechsel. Außerdem liegen hier das Reflexzentrum für das Kauen, den Speichelfluss, das Schlucken sowie für die Schutzreflexe Niesen, Husten, Lidschluss und Erbrechen. Das verlängerte Mark geht in das Rückenmark über.

Das Gehirn wird von einem mit Gehirn-Rückenmarks-Flüssigkeit (Liquor) gefüllten Kanal durchzogen. Es ist von Gehirnhäuten eingehüllt. Dem Gehirn entspringen zwölf Hauptnervenpaare, die Hirnnerven: Riechnerv, Sehnerv, Augenmuskelnerv, Rollnerv, Drillingsnerv (Trigeminus) mit Augennerv, Oberkiefernerv und Unterkiefernerv, seitlicher Augenmuskelnerv, Gesichtsnerv (Fazialis), Hör- und Gleichgewichtsnerv, Zungen-Schlund-Nerv, Eingeweidenerv (Vagus), Bein-Nerv (Akzessorius), Zungenmuskelnerv.

(Nach „Meyers Enzyklopädisches Lexikon", Bibliographisches Institut, Mannheim.)

Glossar

(Das Glossar enthält alle mit * im Text gekennzeichneten Begriffe.)

Affekt: intensiver, kurz dauernder Erregungszustand des Gefühls, in den die Gesamtheit der psychischen Funktionen, die Motorik und Teile des vegetativen Nervensystems mit einbezogen sind. Charakteristisch für den Affektzustand ist die Minderung der Urteilskraft bis zur Ausschaltung jeder Kritik und Einsicht über die Folgen des Tuns.

affektiv: die Affekte betreffend.

Allergen: Stoff, der bei entsprechend empfindlichen Menschen Krankheitserscheinungen (z. B. Heuschnupfen) hervorrufen kann.

Antigen: artfremder Eiweißstoff (z. B. Bakterien), die im Körper von Menschen und Tieren eine Immunreaktion hervorrufen („Immunantwort"). Dies geschieht u. a. durch die Bildung von Antikörpern gegen das Antigen.

autoaggressiv: sich selbst angreifend, das Gewebe des eigenen Körpers schädigend.

autosuggestiv: sich selbst beeinflussend.

Carpenter-Effekt: 1873 von dem britischen Physiologen W. B. Carpenter beschriebene Gesetzmäßigkeit, nach der die Wahrnehmung oder Vorstellung einer Bewegung den Antrieb zur Ausführung der gleichen Bewegung erregt.

chronisch: im Gegensatz zu akut: sich langsam entwickelnd und lange dauernd. Bei einer chronisch verlaufenden Erkrankung kann der bio-psychische Zusammenhang „auseinanderreißen", so dass es dann zu eigengesetzlichen biologischen Abläufen kommt, die in keinem unmittelbaren Zusammenhang mehr stehen mit der jeweiligen psychosozialen Situation des Betroffenen. Dadurch wird sowohl die therapeutische als auch die medizinische Einflussnahme zunehmend erschwert. Dieser Übergang vom akuten zum chronischen Stadium wird durch verschiedene Faktoren verantwortet, die MITSCHERLICH (1974) anhand seiner Ausführungen zur „Physiologie der Hoffnungslosigkeit" dargestellt hat.

Cortisol: siehe Hydrokortison.

Dekompensation: das Versagen der Ausgleichsleistungen (Kompensation), die bisher noch die Funktionstüchtigkeit eines geschädigten oder geschwächten Organs, z. B. des Herzens, aufrechterhalten konnten.

Disstress: als negativ empfundener, lang anhaltender Stress (s. u.), der gesundheitliche Schäden hervorrufen kann.

Dynamisierung: Wiederherstellung der „normalen" Grundspannung, die den Körper wieder auf Aktion vorbereitet.

Entspannungsmechanismus: eine dem Stressmechanismus entgegengesetzte Entspannungsreaktion, bei der der Organismus ebenfalls relativ stereotyp reagiert (s. S. 39).

Enzym: (früher: Ferment) in der lebenden Zelle gebildete organische Verbindung, die den Stoffwechsel des Organismus steuert.

Eustress: anregender, stimulierender Stress. Auch er kann bei übermäßig langer Dauer zu körperlichen Schädigungen führen, wenn keine Entspannungphasen möglich sind.

Feldenkrais-Methode: durch Bewegungsübungen zur körperlichen Haltungsänderung werden Spannungsmuster aufgelöst und psychische Veränderungen bewirkt.

Fibrin: Blutfaserstoff; Eiweißkörper, der bei der Blutgerinnung entsteht.

Fibrinogen: im Blut enthaltener Eiweißstoff (die lösliche Vorstufe des Fibrins).

Formatio reticularis: Anhäufung von Hirnstammkernen, u. a. für die Kontrolle von Wachen und Schlafen zuständig (siehe S. 163).

Hydrokortison = Cortisol: Hormon der Nebennierenrinde mit entzündungshemmender Wirkung.

Kapillare: kleinstes Blutgefäß.

limbisches System: Sammelbezeichnung für mehrere evolutionär ältere Strukturen im Randgebiet zwischen Großhirn und Gehirnstamm (u. a. der Gyrus ciguli, die Amygdala, das basale Vorderhirn), die die hormonale Steuerung und das vegetative Nervensystem beeinflussen und von dem gefühlsmäßige Reaktionen ausgehen. Hypothalamus, Gehirnstamm und limbisches System zusammen beeinflussen alle Vorgänge der Körperregulation und alle neuronalen Vorgänge der Wahrnehmung, des Lernens, Erinnerns, Fühlens und Empfindens. Das Wirken des limbischen Systems wird als erfahrungsbegleitendes Gefühl wahrgenommen, das uns entweder vor bestimmten Handlungen warnt oder unsere Handlungsplanungen in bestimmte Richtungen lenkt.

Lymphe: eiweiß- und lymphozytenhaltige, klare Körperflüssigkeit, die durch Filtration aus den Blutkapillaren in die Zellzwischenräume gelangt und von dort durch das Lymphsystem abgeleitet wird. Die L. versorgt die Gewebe mit Nährstoffen und entfernt nicht verwertbare Substanzen, außerdem hat sie (durch die Lymphozyten) eine Schutzfunktion.

Lymphozyten: zu aktiver Bewegung befähigte Gruppe der weißen Blutkörperchen.

Lymphsystem: Es besteht aus dem Lymphgefäßsystem und den lymphatischen Organen. Das Lymphgefäßsystem ist ein Abfluss-System zur Ableitung der Lymphe. Neben dem Blutgefäßsystem ist es das zweite Röhrensystem, das den Körper mit einem dichten Netzwerk von eigenen Kapillaren durchzieht. Zu den lymphatischen Organen gehören außer den Lymphknoten die Milz, der Thymus und die Gaumen- und Rachenmandeln. In das Lymphgefäßsystem sind die Lymphknoten eingebaut; oft bohnenförmig groß und von einer Kapsel umgeben. Lymphknoten sind „Siebe" bzw. Abfangfilter mit der Fähigkeit, Lymphozyten herzustellen.

motorisch: die Bewegung betreffend; die Gesamtheit der willkürlichen aktiven Muskelbewegungen betreffend.

Muskeltonus: Spannungszustand der glatten Muskulatur.

Neurosekrete: im Gehirn gebildete Freisetzungshormone, die die Produktion und Freigabe bestimmter Hormone steuern.

Parasympathikus (parasympathisches Nervensystem): „Gegenspieler" des Sympathikus. Teil des vegetativen Nervensystems, der für Aufbau und Regeneration des Gewebes sorgt. Zum P. gehören vier vom Hirnstamm ausgehende Gehirnnerven (Augenmuskelnerv, Gesichtsnerv, Zungen-Schlund-Nerv, Eingeweidenerv) sowie Nerven des Rückenmarks in der Kreuzbeinregion. Der P. wirkt hemmend auf die Atmung, verlangsamt die Herztätigkeit, setzt den Blutdruck herab, regt die Peristaltik und Sekretion des Verdauungssystems an, fördert die Glykogensynthese in der Leber, steigert die Durchblutung der Geschlechtsorgane und innerviert den Ziliarmuskel des Auges und den ringförmigen Irismuskel, der die Pupille verengt.

QiGong: sanfte Bewegungs- und Atemübungen in Kombination mit Bewusstseinslenkung aus der traditionellen chinesischen Medizin zur Stärkung der leiblich-seelischen Gesundheit, wobei der Grundgedanke das Ausbalancieren gegensätzlicher Kräfte im Körper ist.

Regression: Rückbewegung, Zurückfallen auf frühere, kindliche Stufen.

Soma: der Körper (im Gegensatz zu Geist, Seele, Gemüt).

somatisch: den Körper betreffend.

Stress: verkürzter Ausdruck für den Stressmechanismus. Der Begriff Stress wird in der Umgangssprache inzwischen fälschlicherweise oft synonym für Belastung verwendet („Ich habe Stress"). Ursprünglich von H. Selye 1936 geprägter Begriff für ein generelles Reaktionsmuster, das Tiere und Menschen als Antwort auf erhöhte Beanspruchung zeigen. Die ausgelösten Körperreaktionen umfassen eine Überfunktion der Nebennieren (erhöhter Tonus des sympathischen Nervensystems, Ausschüttung von Adrenalin) und Schrumpfung des Thymus und der Lymphknoten. Langdauernder starker Stress kann gesundheitliche Schäden vielfältiger Art verursachen; häufig entstehen Magengeschwüre, Bluthochdruck oder Herzinfarkt.

Stressmechanismus: unwillkürlich ablaufende seelisch-geistige-körperliche Antwort des Menschen auf innere und äußere Belastungen, die wie ein biologisches Grundmuster relativ stereotyp verläuft (s. S. 20).

Sympathikus (sympathisches Nervensystem): Teil des vegetativen Nervensystems, der im Wechselspiel mit dem Gegenspieler Parasympathikus zahlreiche Organfunktionen beeinflusst. Dabei bewirkt der Sympathikus eine allgemeine Leistungssteigerung des Gesamtorganismus, u. a. Pupillenerweiterung, eine Steigerung der Herztätigkeit, die Erweiterung der Herzkranzgefäße, eine Hemmung der Aktivität des Magen-Darm-Trakts, die Kontraktion des Samenleiters und der Samenblase (führt zur Ejakulation) sowie allgemein eine Verengung der Blutgefäße.

Sympathikotoniker: derjenige, der an einer erhöhten Erregbarkeit des Sympathikus leidet.

Thalamus: Wichtigste unbewusst arbeitende Sammel-, Umschalt- und Integrationsstelle der allgemeinen körperlichen Sensibilität (Tastempfindung, Tiefensensibilität, Temperatur- und Schmerzempfindung, Seh-, Gehör- und Riechfunktionen), also ein Ort, den alle zum Bewusstsein gelangenden Impulse passieren müssen und an dem gleichzeitig „unwesentliche", die Konzentration störende Meldungen abgeschirmt werden. (Siehe Gehirn.)

Thymus: vor dem Herzbeutel liegende Drüse (Wachstumsdrüse). In der Jugendzeit stark entwickeltes lymphatisches Organ, das dann nahezu völlig rückgebildet wird. Der T. hemmt die körperliche Geschlechtsreife und ist durch die Bildung weißer Blutkörperchen bzw. die Antikörperbildung wichtig für Immunreaktionen des Körpers.

Vagotoniker: derjenige, der an einer erhöhten Erregbarkeit des parasympathischen Systems, an einem Übergewicht über den Sympathikus leidet.

vegetativ: dem Einfluss des Bewusstseins entzogenes Nervensystem.

Literatur

- Bongartz, Walter und Bongartz, Bärbel (1998). Hypnosetherapie. Hogrefe, Göttingen, S. 13-38.
- Brede, Karola, Hrsg. (1986). Individuum und Arbeit. Ebenen ihrer Vergesellschaftung. Campus, Frankfurt a. Main.
- Brodtmann, D. (1994). Was lässt uns gesund bleiben? In: Friedrich Jahresheft XII, 1994, Hrsg. I. Gropengiesser u. a., Friedrich Verlag, Seelze, S. 160-163.
- Damasio, Antonio R. (1997). Descartes' Irrtum. Fühlen, Denken und das menschliche Gehirn. dtv, München.
- Derra, Claus (1997). Entspannungsverfahren bei chronischen Schmerzpatienten. Schmerz 11, S. 282-295.
- Drews, Jürgen (1986). Immunpharmakologie, Grundlagen und Perspektiven. Springer, Berlin.
- Geesing, Hermann (1990). Enzyme. Die beste Waffe des Körpers. Aktivieren Sie Ihre Biokatalysatoren. 9. Aufl. Herbig, München.
- Geesing, Hermann (1993). Immun-Training. So stärken Sie Ihre körpereigenen Abwehrkräfte. 12. vollst. überarb. u. aktual. Aufl. Herbig München.
- Golub, Edward S. (1982). Die Immunantwort. Einführung in die Immunbiologie. Springer, Berlin.
- Hoffmann, Bernt (1997). Handbuch des autogenen Trainings. Grundlagen, Technik, Anwendung. dtv, München.
- Huebschmann, Heinrich (1974). Krankheit – ein Körperstreik. Lebenskonflikte und ihre Bewältigung. Herder, Freiburg.
- Krampen, Günter (1992). Einführungskurse zum Autogenen Training. Ein Lehr- und Übungsbuch für die psychosoziale Praxis. 2. neu ausgest. Aufl. Hogrefe, Göttingen.
- Kretschmann, Rudolf (1990). Stress im Lehrerberuf. Was sind die Ursachen? Was kann getan werden? In: PÄD extra 7, S. 56-60.
- Lange-Schmidt, Ingrid (1989). Körperantwort. Plädoyer für eine ganzheitliche Betrachtung von psychosomatischen Erkrankungen. Zum Beispiel: Herz-Kreislauf-Erkrankungen. Prolog Verlag, Kassel.

- Lange-Schmidt, Ingrid (1993). Supervision auf tiefenpsychologischer Grundlage in der pädagogischen Ausbildung. In: Zeitschrift für Individualpsychologie 2/93, 18. Jg., Reinhardt Verlag, München, S. 235-251.
- Lange-Schmidt, Ingrid (1994). Hätte ich das schon früher gelernt... In: Pädagogik 6, Beltz Verlag, Weinheim, S. 27-32.
- Leithäuser, Thomas und Volmerg, Birgit (1988). Psychoanalyse in der Sozialforschung. Eine Einführung am Beispiel der Sozialpsychologie der Arbeit. Westdeutscher Verlag, Wiesbaden.
- Mitscherlich, Alexander (1967). Krankheit als Konflikt. Studien zur psychosomatischen Medizin. 2. Aufl., Suhrkamp, Frankfurt.
- Mitscherlich, Alexander (1974). Bedingungen der Chronifizierung psychosomatischer Krankheiten. Die zweiphasige Abwehr. In: Brede, Karola, Hrsg. (1974). Einführung in die Psychosomatische Medizin. Klinische und theoretische Beiträge. Beltz Athenäum, Weinheim, S. 396-406.
- Reinarz, Maria A. (1994). Kraftprotz und Schlaffi – entspannen lernen. In: Schule zwischen Routine und Reform, Friedrich-Jahresheft XII, 1994, Hrsg. I. Gropengiesser, G. Otto und K. J. Tillmann, Friedrich-Verlag, Seelze, S. 152-155.
- Rohrlich, Jay B. (1982). Arbeit und Liebe. Auf der Suche nach dem Gleichgewicht. Kösel, München.
- Roth, Klusemann, Kudielka (1997). Lebenslust statt Alltagsfrust. In: Report Psychologie 22, 12/97, S. 858-871.
- Schur, Max (1955). Zur Metapsychologie der Somatisierung. In: Brede, Karola, Hrsg. (1974). Einführung in die Psychosomatische Medizin. Klinische und theoretische Beiträge. Beltz Athenäum, Weinheim, S. 335-355.
- Simonton, Carl O.; Simonton, Stephanie M.; Creighton, James (1992). Wieder gesund werden. Eine Anleitung zur Aktivierung der Selbstheilungskräfte für Krebspatienten und ihre Angehörigen. Rowohlt TB., Reinbek.
- Sroka, Knut (1980). Zur Dialektik des Herzinfarkts. Syndikat, Frankfurt 1980.
- Tietze, Michael (1980). Der „psychosomatische Teufels-

kreis". Das Wesen der Emotionen und Symptome im Licht der individualpsychologischen Betrachtungsweise. In: Zeitschrift für Individualpsychologie, 5. Jg., Reinhardt, München, S. 149-162.

- Vester, Frederic (1978). Phänomen Stress. Wo liegt sein Ursprung, warum ist er lebenswichtig, wodurch ist er entartet? dtv, München.
- Weizsäcker, Viktor von (1949). Psychosomatische Medizin, Psyche 3, 1949/50.
- Zepf, Siegfried (1979). Psychosomatische Medizin als eine Sozialwissenschaft. In: Uexküll, Thure von, Hrsg. (1986). Psychosomatische Medizin. 3. neubearb. u. erw. Aufl. Urban und Schwarzenberg, München.

Empfehlenswerte Literatur
zum Thema Entspannung

- Benson, H. (1993). Den alltäglichen Fluss der Gedanken unterbrechen. In: Psychologie heute, 2/1993, S. 25.
- Bernstein, Douglas A. und Borkovec, Thomas D. (1997). Entspannungstraining. Handbuch der progressiven Muskelentspannung nach Jacobson. 8. Aufl. Klett-Cotta, Stuttgart.
- Blum, S. (1994). Ich bin die Sonn. 20 Fantasiereisen für Stille- und Konzentrationsübungen, Kohl Verlag, Niederzier.
- Brunner, Reinhard (1997). Hörst Du die Stille? Meditative Übungen mit Kindern, 7. Aufl. Kösel, München.
- Bundesamt für Industrie, Gewerbe und Arbeit. Entspannungstraining. WAGUS, Oberstadt 11, CH 6204 Sempach-Stadt.
- Dahlke, Rüdiger (1984). Ich bin mein Lieblingstier. Kinder-Meditation. Audiokassette. Edition Neptun, München.
- Faust-Siehl, Gabriele u. a. (1995). Mit Kindern Stille entdecken. Bausteine zur Veränderung von Schule. Diesterweg, Frankfurt a. M.
- Hoare, Sophy (1988). Yoga. Geschichte, Philosophie und ein komplettes Übungsprogramm, 5. Aufl. Ravensburger, Ravensburg.

- Klippstein, Hildegard (1993). Mein Körper ist klüger, Teil 1: Progressive Muskelentpannung nach Jacobson mit hypnotherapeutischen Induktionen; Teil 2: Vegetative Entspannung – Autogenes Training mit hypnotherapeutischen Induktionen, je 5 Audiokassetten mit Begleitbuch. iskopress, Salzhausen.
- Klippstein, Hildegard (1991). Stop! Spannungs-Kopfschmerzen lösen. Audiokassette mit Begleitbuch. iskopress, Hamburg.
- Kruse, Waltraut (1994). Entspannung. Autogenes Training für Kinder. 6. überarb. Aufl. Deutscher Ärzte-Verlag Köln.
- Lodes, Hiltrud (1996). Atme richtig. Der Schlüssel zu Gesundheit und Ausgeglichenheit. Goldmann, München.
- Maschwitz, Gerda und Maschwitz, Rüdiger (1998). Stille-Übungen mit Kindern. Ein Praxisbuch. 3. Aufl. Kösel, München.
- Mille, Richard de (1994). Setz Mutter auf den Tiger. Phantasieexperimente für Kinder und Erwachsene. 2. Aufl. iskopress, Salzhausen.
- Mittermair, Franz (1996). Körpererfahrung und Körperkontakt. Spiele, Übungen und Experimente für Gruppen, Einzelne und Paare. 3. Aufl. Kösel, München.
- Müller, Else (1997). Du spürst unter deinen Füßen das Gras. Autogenes Training in Phantasie- und Märchenreisen. Vorlesegeschichten, 18. Aufl. Fischer, Frankfurt.
- Murdock, Maureen (1998). Dann trägt mich meine Wolke. Wie Große und Kleine spielend leicht lernen. 9. Aufl. Hermann Bauer Verlag, Freiburg.
- Vopel, Klaus W. (1996). Die 10-Minuten-Pause. Mini-Trancen gegen Stress. 3. Aufl. iskopress, Salzhausen.
- Vopel, Klaus W. (1996). Im Wunderland der Phantasie. 4. Aufl., aus der Reihe: Kinder ohne Stress. iskopress, Salzhausen.
- Vopel, Klaus W. (1996). Kinder ohne Stress, 5 Bde. 4. Aufl. iskopress, Salzhausen.
- Vopel, Klaus W. (1997). Höher als die Berge, tiefer als das Meer. Phantasiereisen für Neugierige, 3. Aufl. iskopress, Salzhausen.

- Vopel, Klaus W. (1995). Der fliegende Teppich. Leichter lernen durch Entspannung. 2 Bde. iskopress, Salzhausen.
- Vopel, Klaus W. (1996). Die grüne Reihe, Band 5 und 6. iskopress, Salzhausen.

Weitere Hinweise und Anregungen zum Thema Entspannung

a Literaturhinweise im Internet:
Direkten Zugriff ermöglicht z. B. der Karlsruher Virtuelle Katalog (www.ubka.uni-karlsruhe.de), ein Dienst der Universitätsbibliothek Karlsruhe zum Nachweis von 50 Millionen Büchern und Zeitschriften in Bibliotheks- und Buchhandelskatalogen weltweit.

b Institutionen, bei denen Sie das Lernen durch längere Kurse vertiefen können:
Volkshochschulen (z. B. Yoga, Integrierte Entspannung, Atemtherapie, TaiChi)
Lehrerfortbildungsseminare (z. B. Entspannungsmethoden für Schüler, Einführung in Phantasiereisen, Entspannung für Lehrer, stressreduzierende Maßnahmen im Unterricht)
Ev. Familienakademie (z. B. Aktive Gesundheit und Entspannung)
Angstelltenkammer (z. B. Augentraining, Autogenes Training, Stressabbau)
Krankenkassen (AT/PME)
Andere Anbieter von Bildungsurlaub: GEW, Verein für Arbeitsorientierte Erwachsenenbildung, Frankfurt, u. a.
Pädagogische Zentren, Meditationszentren, Yoga-Zentren, Die Rückenschule, Sportvereine, Tanzschulen usw.

c Adressen qualifizierter Kursleiter, Supervisoren oder Psychotherapeuten erfahren Sie u. a. bei Krankenkassen oder bei der Psychologischen Fachgruppe Entspannungsverfahren (Autogenes Training, Progressive Relaxation, Hypnose, Biofeedback) im BDP, Römerstr. 21, 80801 München. Dort erhalten Sie auch Informationsmaterial zu den einzelnen Verfahren.

d Schnupperkurse, Wochenendworkshops, Fortbildungen werden inzwischen nicht nur auf pädagogischen oder medizinischen Kongressen angeboten (gelegentlich geöffnet für interessierte Laien), sondern auch bei Reiseveranstaltern (eingebaut in Urlaubsreisen) oder Sporthotels bzw. Wellnesshotels.

Verschiedene Institute bieten auch Fortbildungswochen in Entspannungsverfahren und einzelnen Techniken an, so z. B. auch die bereits erwähnte „Psychologische Fachgruppe Entspannungsverfahren", die einmal jährlich im Mai in der Pfalz bzw. auf Sylt eine gezielte Fortbildungswoche zu unterschiedlichen Verfahren/Techniken durchführt, die auch für Lehrer geöffnet ist.

Zeitschriften/Journale enthalten ebenfalls häufig interessante und aktuelle Artikel, Adresshinweise, Kursangebote oder Hinweise auf Tonkasseten, z. B. „Psychologie heute", „Entspannungsverfahren", „Gesunde Schule".

Anschrift der Autorin:
Ingrid Lange-Schmidt
Karlshafener Straße 37
28215 Bremen

Mehr zum Thema Entspannung

iskopress

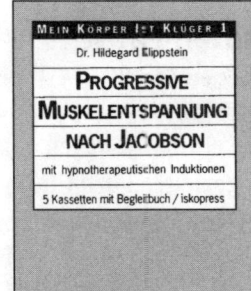

Dr. Hildegard Klippstein

Mein Körper ist klüger, Teil 1 und 2

Das integrierte Entspannungs-programm auf hypnotherapeutischer Basis

Teil 1: Progressive Muskel-entspannung nach Jacobson mit hypnotherapeutischen Induktionen

5 Kassetten, jede à ca. 60 Minuten
Begleitbuch 24 Seiten
ISBN 3-89403-061-5

Teil 2: Vegetative Entspannung – Autogenes Training mit hypnotherapeutischen Induktionen

5 Kassetten, jede à ca. 60 Minuten
Begleitbuch 24 Seiten
ISBN 3-89403-062-3

Dr. Hildegard Klippstein

Die goldene Pause
Streßprävention für Lehrende
Kassette 60 Minuten
ISBN 3-89403-064-X

Mehr zum
Thema Entspannug